Teaching English as an International Language

英語教育のための 国際英語論

英語の多様性と国際共通語の視点から

柴田美紀・仲 潔・藤原康弘 著

Shibata Miki, Naka Kiyoshi, Fujiwara Yasuhiro

大修館書店

はじめに

英語教育のための国際英語論
―英語の多様性と国際共通語の視点から―

　これまでにも英語教育や社会一般で漠然と認識されてきた「国際共通語」という文言が，2019 年より適用される英語教員養成・研修のコア・カリキュラムに用いられ，国際共通語という概念がますますクローズ・アップされています。しかし，英語が国際共通語に至った歴史的経緯とそこに隠された社会的・政治的ねらい，国際社会における英語使用の実情，英語の所有権，英語使用者の区分など，さまざまな背景や要因を理解しなければ，具体的かつ有効な指導や学習法には結びつきません。そこで，本書では関連する理論的枠組みや研究成果をふまえ，英語という言語を 4 つの視点――「社会」「個人」「コミュニケーション」「英語教育」から解説します。

　まずはじめに，言語はコミュニケーションの道具にとどまらず，帰属意識や力関係の表象として機能し，それに準じて言語は「社会」の中で変化し，ひとつの言語が多様化していきます。また，言語の名称の中には国名と同じものがあり，ゆえに国＝言語という捉え方が一般的ですが，実際には社会的・歴史的・政治的要因が関わっており，明確な言語の捉え方は容易ではありません。第 1 章から第 3 章では，こうした社会における言語の捉え方，言語選択について論じます。

　次に言語選択はその使用者「個人」にも深く関わっています。第 4 章と第 5 章では英語使用者に焦点を当て，英語の社会的位置づけや役割によって使用者が区別され，その名称に関わる背景や影響を説き，そしてさまざまな英語使用者のコーパスに見られる，異なる英語の実情を解説します。

　第 6 章と第 7 章では，国際共通語あるいはリンガ・フランカとしての英語という視点から，「コミュニケーション」を考察します。これまでの英語教育では，お互いが分かりあえるという暗黙の前提を問うこともなく，コミュニケーション能力が議論されてきました。そこで，そも

そもコミュニケーションとはどのような行為なのかを，国際共通語としての英語，異文化コミュニケーションから考え，対話力としてのコミュニケーション能力を論じます。

　第8章と第9章では「英語教育」の視点から，文部科学省が今後掲げるだろう目標に鑑みて日本の英語教育が向かう方向性と評価のあり方，そして「国際共通語」の概念を考慮した指導について論じます。一般論として，英語力向上はグローバル人材育成と共起します。グローバル人材ということばが喧伝されてから久しいのですが，そこで求められる資質・技能についてはあまり具体的になっておらず，個人や特定の社会的集団によって，その解釈はまちまちのようです。そこで，最終章は総括としてグローバル人材と言語力の関係について考察します。

　第1章から第8章までは3名のうち1名が担当し，本文の内容から導き出せる「英語教育へ提案」と「実践への応用」を記しています。第9章と第10章は3名が共同で執筆しました。これらの章は指導に必要とされる概念や方法を論じているので，第8章まで章末に設けている「英語教育への提案」と「実践への応用」については触れていません。

　今後，ますます英語が多様化し，日本人英語学習者が学校英語で馴染んだ英語（アメリカ英語やイギリス英語）とは異なる英語に遭遇する可能性は高くなります。こうしたさまざまな英語に対して寛容であり，自らの英語にも自信が持てる学習者を育成することが英語教育の目標であるべきでしょう。しかし，教える教員が「コミュニケーション」「相互理解」「国際共通語」の概念について自分なりの解釈をし，自らの言語態度とアイデンティティを認識しなければ，英語コミュニケーション能力を向上させるために効果的だといわれる，斬新な教授法や教材を使っても，期待するほど成果は上がらないのかもしれません。

　本書を通じて世界の英語使用の実情，英語の多様性，英語使用者の心理的要因（とくにアイデンティティと言語態度）について見識を深めることで，読者のみなさんが異文化間コミュニケーションの本質に気づき，ジャパニーズ・イングリッシュも含めた非英語母語話者の英語に対する意識を内省（そして必要であれば変革）するきっかけになれば幸いです。

最後に，大修館書店の小林奈苗さんには，貴重なコメントやご提案を
いただき，大変お世話になりました。最後まで忍耐強くお付き合いいた
だき，深く感謝し，お礼申し上げます。本当にありがとうございました。

2020 年 7 月

執筆者一同

本書を読む前に

この本を読むに当たって，読者のみなさんに理解しておいてほしい背景と用語を説明しておきます。

[文部科学省の英語教育に関する指針等]
─英語教育で育成すべき 3 つの資質・能力─

平成 28 (2016) 年 12 月に「幼稚園，小学校，中学校，高等学校及び特別支援学校の学習指導要領等の改善及び必要な方策等について」（答申）が取りまとめられました。その中で，各教科において育成する，生徒学生の資質・能力が

「知識・技能」

「思考力・判断力・表現力等」

「学びに向かう力・人間性等」

の 3 つの観点から表されることになりました。

外国語（英語）の学習指導要領には，小学校，中学校，高等学校の英語教育において，それぞれが目指す 3 つの資質・能力が具体的に示されています。

[用語の解釈]
1　英語を母語とする人・そうでない人の名称

英語を母語とする人とそうでない人は，英語では native speakers と non-native speakers です。日本語では前者を「英語母語話者／使用者」「ネイティブ・スピーカー」「L1 (first language) 英語使用者」，そして後者を「非英語母語話者／使用者」「ノンネイティブ・スピーカー」「L2 (second language) 英語使用者」という訳語が用いられています。読者のみなさんに最も馴染みがあるのは，カタカナ表記の「ネイティブ・スピーカー」あるいは「ネイティブ」でしょう。日本社会では「ネイティブ」は，「英語の」と明記されていなくても，自ずと「英語を母語とする人」と解釈され，「正しい英語」「標準英語」を話す人というニュアンスもついてきます。そして，ノンネイティブの多くは，「正し

い英語」を目指してネイティブの英語をお手本にします。一見してこの姿勢には問題がなさそうですが，前者が常に後者を追いかけているという見方もできます。さらに，この構図が両者に優劣関係を生んでいるという指摘もあります。

　一方，第二言語習得の研究分野をはじめとする応用言語学などにおける科学的研究では，「英語母語話者／使用者」と「非英語母語話者／使用者」が一般的です。さらに，言語を習得した順番から第一言語，第二言語とし，L1 と L2 を用いて表記することもあります。本書でも，L1英語話者，L2 英語話者を使っている箇所があります。研究分野で用いられる日本語訳は，巷間で用いられる「ネイティブ」対「ノンネイティブ」に比べれば，より中立的立場と言えるでしょう。また，地域の言語事情によって複数言語を同時に習得し使い分けている人びとにとっては，どの言語を L1，L2 と見なすかは必ずしも明確ではありません。したがって，習得もしくは学習した順に言語を位置づけることは現実的ではない点を考慮したうえで，便宜上 L1，L2 という表現を使います。

　本書では，文脈に応じて，また筆者の意図に応じて，相応しい表現を使い分けています。特に筆者が両者に潜む優劣関係のニュアンスを出したいという意図がある場合，カタカナ表記を用いています。

2　English varieties の日本語訳

　英語の多様性を捉えて，variety / varieties という英語が用いられており，日本語では「変種」と訳されています。感覚的にはひとつのカテゴリーに分類できるけれど，さまざまな要因で通時的に変化した結果，複数の変種が存在することになりました。

　変種英語と言うと，母語話者英語から派生した，非英語母語話者の英語のみを指すという誤解を与えるかもしれません。また，変種英語を非母語話者英語とみなすと，変種の「変」は（母語話者英語に比べて）変な英語と捉えられてしまうかもしれません。しかし，実際には母語話者の英語も変化しており，変種が存在します。変種の「変」は変化の「変」であると認識し，本著では variety / varieties には「変種」を用いますが，文脈に応じて相応しい文言で表現します。

目次

英語教育のための国際英語論
英語の多様性と国際共通語の視点から

第1章	## 「国際共通語としての英語」の社会的意義
	——人と人をつなぐ「ことば」の役割を考える

キーワード	□国際共通語 □リンガ・フランカ □公用語
	□国語 □英語帝国主義

概　略	・多様な英語と，教育上のモデルとしての英語について考えます。
	・言語が共通語として機能することの是非について論じます。
	・言語が人と人とを結ぶだけではなく，分断する機能があることを述べます。

【さまざまな英語への気づき】

　私は大学生の時，英語の勉強に明け暮れていました。何度も映画を見て口の動かし方を真似たり，自分の発音を録音して比較したりしました。当時の私は，漠然と「英語のネイティブ・スピーカーみたいに話せるようになりたい」と無邪気に思っていました。

　ある時，留学生たちと英語で話をしていると，「あなた自身が話しているという感じがしない」と言われました。その時初めて，世界にはいろいろな英語があって，留学生たちが「自分流に」英語を使いこなしていたことに気づきました。高校までに教わってきた英語は，発音記号はもちろん，文法や文体など，すべてにおいてネイティブ・スピーカーが規範のものでした。そのことを疑うこともなく，「いつか私も身につけられる」と思い込んでいたのです。そして，多少はそれに近づいていた自分の話す英語に，酔いしれていたのかもしれません。

　留学生たちが「自分流に」英語を使いこなしていた姿や，彼らの私への指摘は，英語の多様性について考えるきっかけを与えてくれました。さらに，言語の違う人との対話において，英語を選択するとはどういうことなのか，について考えるようになりました。確かに，英語を使うことで彼らとつながることができましたが，同時に，互いの母語が英語ではない彼らと私の関係を，よそよそしいものにしていた可能性もあるの

です。言語は人と人とを結ぶだけではなく，分断する働きもあるのです。

　本書では，多様な英語と，教育・学習上のモデルについて本格的に論じます。第1章では，その学びをより深めるための基礎的な知識について扱います。

1　ことばの教育としての「英語」のモデル

　読者のみなさんは，新しい漢字を学ぶ時に，「お手本」がなくても「上手」に書くことができますか。おそらく，ほとんどの人が小学校や中学校の時に，書道あるいは習字の授業を受けたと思います（国語の授業の新出漢字でもかまいません）。そのとき，「お手本」があることで，それを真似て近づけようとしたのではないでしょうか。また，お手本を真似て文字を書いても，お手本とそっくりな字もあれば，似てはいるけど「上手！」と思える字，かろうじて同じ字であると認識できる字など，いろいろあるでしょう。お手本がなければ学びにくいけれど，かといってお手本通りではなくても大丈夫。これは漢字の学習に限った話ではありません。

　世界にはさまざまな英語があります。詳しくは第3章で述べますが，いわゆる「英語」「米語」だけではなく，オーストラリアやカナダの英語，フィリピンやインド，シンガポールの英語などなど。もちろん究極的には，各個人の使う英語はそれぞれ異なりますので，「My English」という発想に至ります。とはいえ，国・地域ごとにある程度の共通した特徴が見られると考える人もいます。その際，それぞれ「フィリピン英語」や「シンガポール英語」などのように呼ばれます。

　このような「多様な英語」の存在を認識していても，「では，私たちが英語を学ぶ時には，どうすればいいの？」という疑問が生じるでしょう。私も，英語教員向けの講習や英語教員志望者向けの講義などで，「英語のモデルはどうすればいいのか」といった類の質問をよく受けます。

　この問題を考えるには，いくつかの方向性があります。1つには，そもそも英語の多様性を容認しないという立場です。もう1つは，日本独自の英語のモデル，つまり「日本式英語」を考案するという立場です。前者は，英語教育の古典的な見方であり，多様性への尊重が見られ

ません。後者は，多様性を尊重するものですが，問題がないわけではありません。後述する「国語（国家語）」に関係しますが，日本人で英語を話しているのに，「日本式英語」というモデルから漏れてしまうこともあるためです（仲，2006，2018a）。たとえば，幼少期を英語圏で過ごしたことで「日本人」らしくない英語を使う人もいるでしょう。あるいは，「日本式英語」という実体に到達しないと判断される英語を使う人もいるでしょう。

　これらに対して基本的に本書は，学校教育上，英語の受信レベルではとりあえず「標準英語」をモデルとし，発信レベルでは「標準英語」から多少の逸脱は容認する，という立場をとります。ただし，標準英語をモデルとはしますが，「正しさ」の規範ではありません（cf. 藤原，2017b）。これは，冒頭の書道・習字の例をもとに考えてもらうと分かりやすいでしょう。つまり，いくら「多様な英語の尊重」といっても，お手本がなければ学びようがありません。同時に，お手本通りではなくても，お手本と同等あるいはそれ以上に「うまい」こともあれば，十分「英語」として伝わるレベルの発信もあり得ます。

1.1　国際共通語としての英語

　文部科学省は，2011 年に「**国際共通語**としての英語力向上のための5 つの提言と具体的施策」を発表しました。その後も，2016 年に出された『学習指導要領』の答申においても「国際共通語としての英語」という文言が使われました。2017 年 3 月に発表された，英語教員の養成・研修についてのコア・カリキュラムにおいても使われています。そこには，次のような記述があります。

　　英語は，いわゆるネイティブ・スピーカーのみならず，世界の人々によってコミュニケーションのための国際共通語として用いられている現状があり，英語圏の人のみならず，英語を母語としない多様な言語圏・文化圏の人々と意思疎通するための異文化コミュニケーションの能力の育成が求められている。

（東京学芸大学，2017: 109）

「国際共通語としての英語」に対して，明確な定義が与えられている

わけではありませんが，英語の多様性への認識を求めていることは明らかでしょう。これまでも，世界の英語の多様性に関する著書は多数刊行されてきました。中学校や高校の英語の先生の中にも，「国際共通語としての英語」や英語の多様性についての議論に肯定的な人が増えつつあるようです。たとえば，Matsuda（2009）や Mimatsu（2011）をもとに藤原（2017）がまとめたものによれば，英米以外の英語に触れる機会が必要と考える英語教員は，実に 8 割以上を占めます。

　では，「国際共通語としての英語」という考え方が英語教育の現場において正確に理解されているでしょうか。残念ながら答えは「ノー」です。本書は，これからの日本の英語教育のあり方，「国際共通語としての英語」教育についての概説書です。第 2 章以降での議論をより深く理解できるように，本章では本書全体を貫く問題意識・視点を俯瞰していきます。

1.2　「共通語」があればよいのか？

　英語の多様性を尊重することに懐疑的な人びとは，「お互いが特徴のある英語を使えば，相互理解がしづらくなってしまうではないか」と考えるようです。確かに，コミュニケーションに参加する者同士が，それぞれ独特の英語を使えば，相手の発話の意味を理解しにくい，という考えは一理あるでしょう。

　しかしながら，これには大きな「思い込み」があります。それは，言語が同じであることと，意思疎通を図ることができることとが，イコールの関係にある，という思い込みです。同じ言語を用いていれば，互いに意思疎通が図れるでしょうか。この点について，私たちの身近な日本語の場合について考えてみましょう。

　私が普段，講義をしている対象である大学生は，その大半が日本語を母語としています。ところが，授業で用いる専門書や入門書，授業中に私の説明の中で使われている用語をそのままでは理解できず，こちらがかみ砕いて説明したり，身近な事例や視覚資料を併用したりして，何とかしてこちらの意図を伝えることがよくあります。この場合日本語の母語話者同士で，かつ，お互いの母語を使用しているにも関わらず，意思の疎通が困難であることを示しています。このように，「言語が同じであること」と「意思疎通を図ることができること」とは，別次元の問題

として考えるべきでしょう。互いに共通の母語を用いたコミュニケーションでさえ，知らない語彙に出会ったり，そのままでは意味を理解できなかったりすることはしばしば起こり得ます。

　もちろん，私たちがコミュニケーションを図る際に「共通語」があれば，便利であることは間違いありません。しかしながら，コミュニケーションにおいて互いに分かりあえないのであれば，その責任はどちらか一方にあるのではなく，双方にあります。また，相手の話し方の特徴が原因で誤解が生じるのであれば，聞き返すほかありません。

　何より，私たちは相手の話すことばの特徴よりも，相手の伝えようとする内容に意識を集中しているはずです。そして，最初は聞き慣れない発音やイントネーション，語彙の選択なども，時間が経つにつれ気にならなくなります。それどころか，最初は違和感のあった発音やイントネーション，語彙の選択なども，長く付き合っていると自分も無意識のうちに使っていることさえあります。私は2008年に岐阜県に引っ越してきたのですが，その当時，「やってまった」という地元の方の表現が気になりました。私のこれまでの話し方ですと，「やってもうた（やってしまった）」あたりでしょうか。しかし，現在では意識せずに話していると「やってまった」が口から出ることがあります。

　英語を使ったコミュニケーションにおいても，同じように考えてみましょう。同じ「英語」を使っているからといって，相手とのコミュニケーションが成立するとは限りません。そして，その「英語」の発音やイントネーションがどうであるかというのは，実際のコミュニケーションにおいては，それほど重要ではありません。さらに，最初は聞き慣れないものであっても，次第に気にならなくなります。

　次に，「英米英語じゃないとダメ」という人の，英語使用の経験もまた問題でしょう。普段から英語を用いる場合であっても，その相手がイギリスやアメリカの人であれば，「英米英語」の必要性を強く感じる可能性は高いでしょう。しかしながら，これからの英語教育において求められているのは，「国際共通語としての英語」です。英語を用いて考えや意思を伝える相手は，必ずしもイギリス人やアメリカ人ではありません。さらに言えば，イギリス人やアメリカ人であっても，それぞれが「同じ」英語を話すわけではありません。英米間の違いもさることながら，同じ米国内であってもニューヨークやボストン，ニューオリンズな

ど地域によって発音やアクセントが異なり，同じ語彙でも意味が違うこともあります。また，移民などの出自によっても違いが生まれることもあるでしょう。

1.3　国際共通語としての英語は万能？

　現在世界で用いられている英語は多様です。これはいくら強調しても，し過ぎることはありません。ただし，このように英語の多様性を擁護するという考え方は万能というわけではありません。

　英語の多様性について先駆的な研究をしてきたカチュル（Braj Kachru, 1976, 1986）は，インドで使われている英語を国民・民族文化によって特徴づけました。つまり，インド人の使う英語は標準的な英語とは異なる特徴があるのだということを，実際に英語が使われる姿を通じて記述し，具体的に示したのです。その功績は，非常に大きいでしょう。

　ただし，吉野（2014）が指摘するように，標準英語への批判は，その反動としてローカルな英語の実践を美化し，賛美することへとつながりやすいのです。カチュルらを中心とする World Englishes 論の主張は，インドのような旧大英帝国の植民地の英語は認める一方で，日本や韓国のような，英語を外国語あるいは国際語として使用する地域の英語に同等の価値を認めていません。さらに，Canagarajah（1999）はカチュルらのような研究は「主流の言語学者たちが採る記述的かつエリート主義的傾向という論理に追従することになる」（同: 180）と批判しています。「周辺的な変異体を体系化しようとする試みでは，まったく系統だっていないローカルな英語が持つ風変わりでハイブリッドな英語の多くを排除しながら，自身の言語を標準化しなければならない」（同: 180）ためです。つまり，「インド人の英語」を提示しておきながら，インド人であるのに「インド英語」から逸脱していると判断される英語も生み出すのです。もちろん，英語の多様性をすべて容認すれば，どこまで「英語」として判別するかが困難になってしまいます。したがって，多様性を認めるとはいえ，すべてを認められるわけではないというジレンマが，英語の多様性の擁護にはつきまとうのです。

　一見すると，同じ地域における人びとに「共通した」言語的特徴がある，といった考え方は妥当であるかのように思えるでしょう。しかしながら，実際に同じ地域であっても，完全な意味で「共通した」言語的特

徴を見出すことは困難です。このことは，自分の家族が全員同じ話し方をするわけではないという身近な例を考えるとよく分かります。「標準英語とは異なる〇〇英語」という輪郭化を試みた時点で，「〇〇」から外されるさまざまな英語が生まれることは，宿命的なものなのです。

2　多言語社会の中の国語・公用語

　世界には言語がいくつあると思いますか。私は，教員向けの講習会や英語教員志望者の講義などで，必ずこの質問をします。後述するように，実はこの質問そのものにも問題があります。とはいえ，世界における言語の多様性を知るうえで，英語教育に携わる人たちには，一度は考えてもらいたい問題でもあります。というのも，私の経験上，少ない場合には1桁の言語数を述べたり，その逆に多い場合には10億以上もの言語数があると答えたりと，英語教師の言語に関する基本的な知識に問題を感じているからです（仲，2013）。

　仮に言語を数えられるとすれば，3000とも6000とも言われています。2017年，「世界には8000もの言語がある」といったHONDAのテレビCMがありました（現在でも，YouTubeなどで視聴することができます）。研究者によって言語数の値はまちまちですが，少なくとも1桁であるとか，10億といった数値はかなり外れています。

　そして，これら数千もの言語のうち，国語や公用語という地位を得ているものはごくわずかです。

2.1　国語と公用語

　特定の国家内の共通語としての地位を与えられた言語のことを，国語ないしは国家語と言います（厳密には微妙に異なる用語ですが，詳細については別の章に譲ります）。この国語に似て非なる**公用語**という用語についてここで整理しておきましょう。

　公用語とは，簡潔に言えば，行政において使用される言語のことです。行政で用いられるからといって，その行政が行われている国・地域において，その言語が日常的に使われているというわけではありません。たとえば，ミクロネシアの多島国であるパラオでは，日本語が公用語にされています。これは太平洋戦争時代に日本の統治下に置かれた経

緯が背景にあるためです。パラオで使われていることばの中には，日本語に由来するものが残っていますが，だからといって，現地の人びとが日常的に日本語を用いているわけではありません（今村・ロング，2019）。その逆に，意外なことかもしれませんが，日本において日本語は公用語と制定されていません。制定するまでもないくらいに，「日本＝日本語」という単一言語主義が暗黙の了解とされているためでしょうか。ともあれ，日本において日本語が公用語の地位を得ていないとしても，多くの人びとが日本語を使用して生活を営んでいます。これらから分かるように，公用語＝日常的に使用されていることばという単純なイコールの関係で片付けることはできません。

　2000 年頃に，日本では英語を日本の第 2 公用語にすべきという議論が生じました。これはよくよく考えると不思議です。上述したように，日本には「第 1 公用語」が制定されていませんので，「第 2 公用語」という表現そのものが不自然です。そのことに対する異議申立ても，当時ありましたが，多くのメディアは「英語が第 2 公用語になる」という面に注目しました。つまり，わざわざ「第 1 公用語は何か」を問い直すことがないほどに，日本語が公用語であると信じられていたのです。「1 国＝1 民族＝1 言語」という言語に関する考え方，言語イデオロギーが，日本において浸透している 1 つの証左と言えるかもしれません。

2.2　「多言語社会がやってきた」？

　第 2 章で論じますが，「世界には 7000 の言語がある」のように「言語を数える」という行為，また，国や民族と言語を結びつける「○○語」という発想が政治的なものです。この政治的に生み出された「○○語」という認識に基づいて，さまざまな現実が構成されています。

　たとえば，日本社会もグローバル化の進展に伴って多言語化してきている，という話を見聞きしたことがある読者は多いでしょう。結論を急げば，グローバル化や国際化が叫ばれるよりも以前から，日本社会は多言語社会です。これには次の 2 つの考え方があります。

　1 つには，近代国家の成立期にそれぞれの人びとが異なることばを用いていた状況に，国家としての統一性を中心とした力関係によって，言語が体系化されたという経緯があります。「日本語」と呼ばれるよりも前に，私たちのことばは多様だったのです。つまり，ことばが本質的に

多様であるという意味で,「多言語社会」であったと言えるわけです。

　もう1つは,昨今の「グローバル化」(あるいはそれ以前によく用いられていた「国際化」)といった社会認識以前から,日本にはさまざまな言語があったという社会的事実です。1990年に「出入国管理及び難民認定法」が一部改正され,在留資格が再編されました。バブル景気における人手不足の解消のため,外国人労働者を来日させやすくするねらいがあったと言われています[1]。さらに,2018年12月に「改正入管法」が成立し,2019年4月から施行されることになったことは記憶に新しいでしょう。それにより「日本在住の外国人市民が増加し,多言語社会になった／なりつつある」という認識が一般的な理解かも知れません。いわゆるニューカマー(1980年代以降に日本に来た外国人)の存在です。ただし,忘れてはならないのは,在日コリアンをはじめとしたオールドカマー(20世紀半ばまでに日本へ来た外国人とその子孫)です。彼らは出入国管理法の改正以前からさまざまな事情で日本に住んでいます。さらには,北海道のアイヌ民族や沖縄にも独自の言語があります。このように,グローバル化以前より,日本社会は多言語社会でした。まるで最近になって多言語社会になってきたという認識は,それまでのさまざまな言語に関する問題を見えにくくしてしまうので,要注意です。

　もし読者の中に,「日本＝日本語」であるとする単一言語的な発想があれば,とりわけ注意が必要でしょう。世界のほぼすべての国・地域が,多言語社会です。上述のように,日本も例外ではありません。それぞれの国・地域において,共通語や教育言語が政治的に決定される際に,さまざまな葛藤が生じてきたのです。ある言語の普及は,自然現象でもなければ,科学的根拠があるわけでもなく,当該地域のあらゆる人びとに歓迎されてきたわけでもないのです(Pennycook, 1994)。

　現在,国際的な場面・グローバルな場面で最も用いられることの多い英語も,同じように政治・経済を背景に普及を成し得ています。「英語が通じる」ことによる便利さを感じる人もいれば,非英語圏の人びとは英語を学ぶ必要性に迫られているという点で不利であると考える人もいるのです。「国際共通語としての英語」は,あらゆる人びとに歓迎されている,理想的な共通語ではないという点には十分に留意しましょう。

1　たとえば,近藤(2005)などを参照。

さもなければ，英語を世界で最も優位な言語と考える英語帝国主義の罠に陥ってしまいます。私たちが英語を使ってコミュニケーションを図る相手は，必ずしも自ら進んで英語を学んだり使ったりしているわけではないのです。その背景には，「なぜ英語を使わなければならないのか」という苦悩や葛藤を生み出す歴史的・政治的・経済的背景があり，一種の必要悪として英語を使っている人もいるのです。このことを自覚するだけでも，たとえば「あなたの英語は訛っている」という発想が，いかに問題であるのかに気づくでしょう。

　その意味において，「国際的／グローバルな場面では，英語を使うのは当たり前」という態度は，たとえどれだけ英語に堪能になったとしても，反グローバル的な精神と言えるでしょう（第10章を参照）。「国際共通語としての英語」を教育場面に持ち込むには，その前提として「英語が当たり前」ということを問い直す姿勢が不可欠です。その上で，「国際共通語としての英語」は必ずしも「標準英語」ではない，という考え方に立つ必要があります。つまり，まずは言語そのものの多様性を認識し，次いで「英語」の多様性を認識する，ということです。

3　「国際共通語としての英語」の落とし穴

　最後に，英語を国際共通語として自明視することにより生じる問題に光を当てたいと思います。いわゆる英語帝国主義論・英語支配論です。

3.1　英語帝国主義論・英語支配論

　想像してみてください。6000人の中から1人だけが特別扱いをされていたら，読者のみなさんは不公平だと感じるでしょうか。もしそうであるならば，世界に6000の言語があって，その中の1つである英語を世界中の人びとが学び，それ以外の言語が軽視されるとなれば，不公平と言えるでしょう。英語が現在のような特権的な地位にあるのは，大英帝国の植民地主義やアメリカ合衆国の政治的な覇権などの結果であり，そのことから生み出される不平等を批判する議論が，国内外で展開されてきました。

　このような議論は，英語帝国主義論や英語支配論として知られています（Phillipson, 1992; 津田, 1990など）。英語の覇権的状況がもたらす

さまざまな不平等を明らかにし，是正しようとする批判理論に位置づけられるでしょう。第2章で述べるように，ある言語の使用者が増加したり減少したりする背景には，人口の増加や経済の流れがあります。自らの母語を捨て，英語という社会的大言語に乗り換える人が増えるのであれば，社会的に力のない言語はますます言語使用者を減らしてしまうでしょう。

　英語がさまざまな領域で支配的であることで，「世界のさまざまな言語を身につけるのは無理だから，英語だけで済むなら効率的じゃないか」と考える人もいるかもしれません。異なる言語の使用者同士の間で，何かしらの共通語があればコミュニケーションが円滑に進む，という考えには一理あります。ただし，先に述べたように，そこには「同じ言語を使用すること」と「意思疎通が成立すること」とが単純に結びつけられています。普段，日本語を用いている私たちが，常に分かりあったり，あるいは口論にならないかといえば，決してそうではないはずです。

　「グローバル化なのだから，英語は必要」と言われて久しいですが，寺沢（2015）が明らかにしたように，2010年を境に，都市部の就労者が日常的に英語を使って仕事をする機会は減少しています。彼に言わせれば，「グローバル化で英語の必要性は年々増している」という見解は「都市伝説の一種」なのです（寺沢，2019）。ですから，実際に英語が支配的であるかどうかだけではなく，「英語が必要だ」という信念・思い込みが，英語帝国主義問題をよりいっそう深刻にしているのかもしれません。

　国際英語論を支持する人びとの中には，上記のような英語帝国主義や英語支配に対して，英語の多様性を擁護することで克服できると考える人がいます。もちろん，「標準的な」英語のみが規範的・特権的であるよりは，ずいぶんと言語間の不平等が是正されます。

　しかしながら，いくら多様性を認めるとはいえ，英語は英語です。どのような変種の英語であっても，英語が学ぶべき対象であるという点では変わりません。日本の中学校・高校における「外国語」は事実上，ほぼ英語ばかりです。もちろん，正確には「外国語」なので他の言語が学習対象になってもいいのですが，昨今の『学習指導要領』においても「原則として英語」とされています。大学においても，英語以外の外国

語教育は衰退してきている状況があります。国際英語論が英語の多様性については意義ある議論なのは確実ですが，言語全般から見れば限界があることには留意すべきでしょう（山本ほか，2016；鳥飼ほか，2017）。

3.2　現実的な選択肢としての「国際共通語としての英語」論

「国際共通語としての英語」論は，多様な英語間の不平等を是正しようとするものではありますが，世界の言語間の平等をもたらすものではありません。これに加え，イギリスやアメリカといった「標準英語」の地域が英語の多様性を擁護すれば，さまざまな場面での英語使用を促進することにつながり，結果として英語支配は強化されるのではないか，という懸念があります（Pennycook，1994）。

一方で，異なる言語を使う者同士がコミュニケーションを行う場面・状況があります。その際，お互いがそれぞれの母語を用いることが最も対等なコミュニケーションでしょう。それを可能にするには，①お互いが相手の言語を学習する，あるいは②自動翻訳技術の進展に期待する，あるいは③通訳を付ける，といった選択肢が考えられます。これらはコミュニケーションにおける平等性という観点からは理想的です。①はコミュニケーションにおいてお互いが対等な関係を目指す学び合いのようなものですので，理想的ではあります。しかし，学習者によってコミュニケーションの相手が違うため，教育制度としてどの言語を優先的に学ぶのかを決めることができません。③はお金がかかりますし，常に通訳者を帯同することは非現実的でしょう。②については，昨今の自動翻訳技術の進歩により現実味を帯びてきていますが，現時点での翻訳の正確さの限界もさることながら，使用可能な場面が限定的であることを忘れてはなりません。たとえば，イヤホン型の同時通訳機は素晴らしいもので，左右分離型のイヤホンのうち片方を相手に渡せば，機械翻訳を介したコミュニケーションを行えるようになりつつあります。他方で，授業や講演会のような一対多のコミュニケーション場面では，すべての聴衆にイヤホンを渡すことは現実的ではありません。

そこで，さまざまな問題を抱えているにせよ，より広範に使用されている英語を使う，という選択肢があります。その際，すでに述べたように，イギリスやアメリカの英語だけを特権的に捉えるわけにはいきません。かといって，日本は一部の地域を除き英語圏による直接的な支配下

に置かれた経験もなく，World Englishes（WE）論のように国家内の
コミュニケーションの手段として英語が位置づけられているわけでもあ
りません。そのため，異言語話者同士のコミュニケーションの場で英語
が用いられる場面・状況を主たる研究の対象とする EIL（English as an
International Language）や，英語が異言語話者同士の**リンガ・フラン
カ**（lingua franca）として機能する面を探求する ELF（English as a Lin-
gua Franca）という立場を支持することが考えられます[2]。それぞれの
立場の詳細については次章以降に譲りますが，EIL 論や ELF 論はあくま
でも英語が用いられる場面・状況が多いという社会的事実を前提にして
います。その意味で，いずれも現実的な選択肢と言えますが，万能では
ないことに留意しなければなりません。さもなければ，英語は万能であ
るという言語観によって，英語帝国主義／英語支配を再生産することに
なってしまいます。

　私たちは日々，ことばを用いて人びとと分かりあったり，時には傷つ
き／傷つけ，冗談を言ったり笑ったり，泣いたりなど，心の中身／思い
をことばにのせて，相互作用の中に生きています。ことばの人と人とを
つなぐ力を発起させるには，他者の用いる英語を「訛っている」といっ
たレッテルを貼ったり，自己の英語を「劣っている」と劣等感を持った
りするのではなく，なんとか分かりあおうとする努力を続けざるを得ま
せん。以下の章では，こうした認識に立って，英語帝国主義には十分に
警戒しつつ，英語を用いる 1 つの方策として「国際共通語としての英
語」を考えていきたいと思います。

【英語教育への提案】

■言語的多様性への気づき

　ある言語が共通語になるということを，「当たり前」と捉えるような
言語観を学習者に持たせないような指導が求められます。他の言語と比
べて，英語が異言語間のコミュニケーションでよく使われるのは事実で

2　なお，リンガ・フランカとは，異言語使用者同士が取引や交渉に用いたコミュニケー
　ション手段としての言語のことを言います。現代の言語学では，おおむね共通語とい
　う意味で用いられています。

しょう。ただし，すべての人が自ら進んで英語を使っているわけではありません。自分たちの言語を奪われる歴史を経験したり，政治的・経済的な理由により，仕方なく英語を使っている人たちもいることを忘れないでください。「相手も英語くらい使えるだろう」とか「英語はグローバル言語」といった信念は，場合によっては相手を傷つけたり，心理的に遠ざけたりしてしまう危うさがあります。英語は私たちと異言語の使用者とを結びつけてくれる手段であると同時に，分断してしまう可能性も併せ持っていることを意識しましょう（仲，2016）。

　そして，異言語使用者とのコミュニケーションにおける共通語として「英語」を選んだ場合，そのコミュニケーションの参加者がすべて「標準的な」英語を使うわけではありません。相手と分かりあいたい，何かを伝えたい，と思えば思うほど，相手の話す英語の特徴へのこだわりは減るはずです。

■実践への応用①

　私は英語の授業の初回に，標準的な英語話者の音声，英語を第2言語とする話者の音声，英語を外国語として使用する人の音声，コンピューターで作った人工的な音声など，さまざまな英語の音源を用意します。そして受講者に，「あとで質問をするから，これから流れる英語をちゃんと聞いてね」という課題を出します。

　音声を聞き終えた後で，次のような質問をします。それは，「どの英語がネイティブだったか」です。ほぼ毎年，すべての受講者が「そもそも，このような質問がくるとは思わなかった」という反応をします。それは，「内容」について質問されると思って，内容理解に集中していたためです。この課題は，コミュニケーションにおいて大事なことは，相手の英語がどういった特徴なのかではなく，その中身であることを気づかせる工夫です。

　また，「どの英語がネイティブだったか」という質問には，誰も正解しません。というのも，私の質問は「英語のネイティブ・スピーカー」かどうかは聞いくいないからです。受講者たちは，「ネイティブ」ということばを聞くだけで，無意識のうちに「英語の」という意味を補ってしまうのです。そのことへの気づきを促すために先の課題を出しています。

現在はインターネットの発展で，さまざまな英語の音声を容易に入手できる時代です。コンピューターやスマートフォンを使えば，英語の音声を作り出すことも簡単です。上述のような活動を，本格的に英語に取り組む前に，ぜひ取り入れてください。

■実践への応用②

　以下は情報格差（インフォメーション・ギャップ）活動により，世界の多言語状況に気づいてもらう活動です。地図は，フリー素材のものを利用しています。地図上にある四角で囲まれた国・地域（ここでは Singapore）について，公用語の1つが記されています。シンガポールの場合，公用語は4つ（マレー語，タミル語，普通語，英語）ですから，プリントの "One of the Official Languages" の部分だけを変えて4種類作成します（右ページ図）。学生同士が自分のプリントに記載されている言語を情報交換することで，シンガポールには4つの公用語があることを発見できる仕組みになっています。

　同様に，典型的な多言語国家についてプリントを用意します。その際，英語やフランス語，スペイン語のように，複数の国・地域にまたがって普及している言語を扱うように留意します。これにより，学習者同士は，同じ国・地域の情報を持っている人と出会っても，自分のプリントには異なる言語が記されているので，やはり情報交換をすることで，同一地域内の多言語状況を知ることになります。また，異なる国・地域の情報を持っている場合であれば，他の国・地域の多言語状況を知ることになります。そして，英語をはじめとしたいくつかの言語は，国・地域を超えて公用語の地位を確立していることに気づくはずです。もちろん，その背後にはかつての植民地主義があります。言語の普及に政治的事情が大きく関与していることに気づかせ，社会における言語の役割を学習者が意識的に学べる契機としています。

（仲　潔）

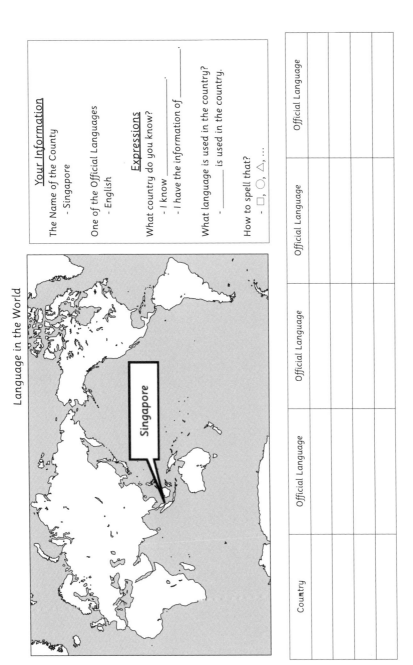

図：公用語についての情報格差（インフォメーション・ギャップ）活動

変わりゆく言語
――「言語」の多様性と「言語の機能」の多様性を探る

キーワード	□標準語　　　　□国語　　　　□言語権 □コミュニケーションの道具　　□アイデンティティの指標 □リンガ・フランカ

概　略	・多言語状況における英語の支配的状況について論じます。 ・言語とアイデンティティの関係について解説します。 ・言語の機能の多様性と言語道具論の問題点を探ります。

【言語の多様性，言語の機能の多様性】

　私のゼミ生が以前，アメリカに留学していた時の話です。ライティングの授業で，"different" につづく語として "from" を入れたところ，どの授業の先生にも "than" に修正されたそうです。2 つ以上のモノを比べたからこそ「違っている」と言えるわけですから，「何かと何かの比較のときによく使う "than"」がことばの「正しさ」の変化をもたらしたのでしょう。他にも，仮定法過去の用法で，"If I were" に代わって "If I was" が出てきても不思議ではないでしょう。このように，どのような表現を「正しい」と判断するのかは，変わっていくものなのです。

　私は大阪生まれ，大阪育ちです。博士号を取得した後，大学教員として福岡県に引っ越し，九州女子大学で教壇に立ちました。その後，岐阜にご縁があって現在も住んでいます。福岡時代と比べると，岐阜のことばは大阪のそれに近いです。それでも，時折，帰阪して昔からの友人と話をすると，「大阪弁」に心が休まるというか，安心感というか，特別な感情が湧きます。このように，私たちが使うことばは，生まれてから育っていく環境で培われ，私たちが自分らしさを感じるアイデンティティの拠り所の 1 つになり得ます。

　本章では，言語が常に変化し続けていること，および世界における多言語状況，言語とアイデンティティについて取り上げます。また，「多

様性」という観点から，言語が持つ働きの多様性についても触れていきます。

1 変化を常態とする言語

ことばは常に変化します。今も昔も，おそらくこれからもそうでしょう。私たちは日常的に「ことば」を使用しています。それを文法的に制度化したものが「言語」です。したがって，言語もまた変化することが常態です。つまり，ある言語の「正しさ」は常に変化し続けているのです。

1.1 「ことばの乱れ」？

次の2つの引用とそのアイデアは，社会言語学者の鈴木義里さんの『つくられた日本語，言語という虚構―「国語」教育のしてきたこと』（2003年，右文書院）からのものです。少し長いですが，お読みください。

① 現代の私たちが，毎日の社会生活の上で，ことばをどういうふうに話し，どういうふうに書いて生活しているのか，その事実を観察してみると，そこには，かなりひどい混乱がある。現代の日本人の言語生活は，ひどく混乱している。こういう声がしばしば聞かれる。そして，その観察が必ずしも誤りでないことは，だれしも認めないわけにはいかない。

② 何事も，古き世のみぞ慕はしき，今様はむげに卑しくこそ，なりゆくめれ，（中略）　文のことばなどぞ，昔の反古（ほご）どもはいみじき，ただ言うことばも，くちをしうこそなりもてゆくなれ，いにしへは，車もたげよ，火かかげよ，とこそ言ひしを，今様（いまよう）の人は，もてあげよ，かきあげよ，と言ふ…（中略）くちをしとぞ，古き人はおほせられし

それぞれの出典は，次の通りです。
① 1951年刊行の，鈴木久晴（「現代の言語生活―その混乱と問題」『国語教育講座』第1巻．「言語生活」下．刀江書院）

② 14世紀の歌人・随筆家である吉田兼好による『徒然草』（第二十二段）

　いずれも，「ことばの乱れ」を嘆く内容です。②はともかく，①は「1951年」ではなく「2001年」とか「2011年」と言っても，あまり疑わない読者がいるかもしれません。私たちの多くは，歳をとって若い世代のことば遣いが分からなくなると，自分のことは棚に上げて，若い世代のことば遣いを「間違っている・乱れている」，と判断する傾向があるようです。しかし，ことばの「正しさ」は常に変化している，つまり「乱れている」ことが，むしろ普通の状態なのです（以上，鈴木，2003）。

1.2　言語に対する感じ方の変化

　「正しさ」以外の「言語に対する感じ方」も変化し得ます。時代はもちろん，誰が，どこで，誰に対して発せられたのかによっても異なってきます。たとえば，H. Samy Alim と Geneva Smitherman による *Articulate while black : Barack Obama, language, and race in the U.S.*, (Oxford University Press, 2012) では，オバマ元大統領の言語使用を分析し，「白人的な」文法と「黒人的な」文体を用いることにより，大統領は双方からの支持を得たと指摘されています。オバマ氏の英語が，「黒人であっても，白人であるかのように明瞭に話す」と評される場合，多くのアフリカン・アメリカンには，「白人からの上から目線の褒めことば」として差別的に受け止められるのに対し，アジアをはじめとしたアメリカ合衆国への移民はそのような受け取り方はしない，というのです。

　このように，ことば遣いは日本語であれ英語であれ変化するのが「普通」なのですから，その用法に対する人びとの感じ方（言語感）が変化しない理由はどこにもありません。たとえば，私は「お茶をいれました」と言われて，「ありがとう」とは思っても，「失礼だ」とか「恩着せがましい」とは思いません。先日，ゼミ生が研究室でコーヒーをいれてくれたのですが，「コーヒー作りましたよ」と言われても，やはり「ありがとう」でした。「コーヒーって作る時代かぁ」とは思いましたが。2019年1月に広島大学でシンポジウムに登壇したのですが，その時の

聴衆に同じ質問をしても，ほとんどの参加者が「違和感を覚えない」と答えていました。

　ことば遣いも，その受け取り方も変化するのであれば，コミュニケーションにおいては，たとえば次のようなことが問題になります。その変化を受け入れないという態度，およびその変化を認めずに，自分が信じる「正しさ」を相手に押し付けてしまうこと，自分の尺度で相手の発話を判断してしまうことなどです。

　「お茶をいれました」を「恩着せがましく感じる」のは，その発話の聞き手の感覚の問題です。各個人の感覚であれば，対話の相手が同じように感じる保証はどこにもありません。もちろん，そのように感じる日本語使用者が多いかもしれません[1]。しかし，同じ「日本人」であっても，そのように感じない人がいるのも事実です（なお，第3章第3節で言及する「ら抜きことば」も一例です）。私たちのことばへの感覚は変化し続けるからです。

　昨今では日本国内も，ますます多言語化が進んできていると言われています。外国人市民のように，日常生活で日本語に困っている人にまで，このような「母語話者の感覚」を求めるのは，少し無理があると言わざるを得ません。たとえある表現が，その言語の母語話者にとって違和感を覚えるものであったとしても，異言語使用者同士の共通語として使うのであれば，細かい部分に目を向けるのではなく，対話の相手とお互いに意味を確認しながら話を進めていくという姿勢が求められます。

　日本の英語教育は，語彙や文法，発音，アルファベットの書き順などに加え，母語話者のような言語観まで学習者に求めることで，コミュニケーションの壁を形成してきた一面があるのではないでしょうか。もちろん，その言語の達人を目指したり，「母語話者並み」の言語力や言語観を獲得したい人もいるでしょうが，高すぎる目標は学びを促すよりは阻害することさえあります。一部のエリートを育成するのならともかく，公教育においてそのような目標は妥当とは言えません。

1　金田一春彦『日本語新版（下）』，齋藤孝『日本語の技法』などを参照してください。

2 「言語」の捉え方

　では，ことばが常に変化することを念頭に，言語を数えるという行為
（「世界には 6000 以上の言語がある」など）について考えておきましょ
う。このような「言語の数え方」は，どのようにして行われているので
しょうか。それは，言語を民族や国家と結びつけることで可能になって
います。つまり，10 の民族があれば 10 の民族語がある，という数え
方です。読者の中には「同じ民族であれば，同じ言語だろう」と思う読
者がいるかもしれません。しかし，民族という概念と言語という概念と
を結びつけるようになったのは，次節で述べるように近代国家の形成期
に政治的事情で生み出された 1 つの言説なのです。

2.1 「言語を数える」ということ

　読者の中には，世界の言語数の多さに驚いた人がいるかもしれませ
ん。1 つの国には 1 つの民族がいて，その 1 つの民族は 1 つの言語を
用いるという「1 国家＝1 民族＝1 言語」という言語観は，近代国家の
成立期に導入されたものです（藤本ほか，1997；山本ほか，2004）。こ
れは，1 つの国家は単一の民族から構成されており，その国民同士が分
かりあうためには共通した言語を共有しているべきだ，というイデオロ
ギーにもとづく見解です。各国によって異なる面はありますが，おおむ
ね，近代国家形成期にそれぞれの**国語**が「創出」されました。その際，
主に権力が集中していた地域のことばの特徴をもとに，その**標準語**が作
り出されました。このように，「言語の構築・創造」は人為的なものな
のです。何かしらの外国語を学びたいと思った時，書店に行くと，「英
語」や「フランス語」，「中国語」，「インドネシア語」などの名前が並ん
でおり，私たちの多くはこれらを「自然言語」として受け入れているか
もしれません。しかし，言語の構築・想像が人為的なものであるなら
ば，「自然言語」という概念を鵜呑みにはできないのです（木村，2005）。
　他方で，「民族」という概念はどうでしょうか。小坂井（2002）によ
ればこの概念もまた，人為的に創り出された境界線の働きをします。

　　複数の国民や民族がいるために国境や民族境界線ができるのではな
　い。その逆に，人々を対立的に差異化させる運動が境界を成立させ，

その後に，境界内に閉じ込められた雑多な人々が1つの国民あるいは民族として表象され，政治や経済の領域における活動に共同参加することを通して，次第に文化的均一化が進行するのである。

(p. 14)

　要するに，「ある民族」はもともと「別の民族」と異なるものとして存在したのではなく，政治的な事情により分断されたことで「異なる民族」として区分されるようになった，というわけです。したがって，「言語の本質は民族」という言語観もまた，「虚構」ということになります（仲，2006）。

　このように，言語の実体は民族と結びついたものであると捉えることは，客観的事実ではなく，1つの虚構ということができます。だからといって，本書の執筆者である私たちには，このような言語の実体視を切り捨てるつもりはありません。というのも，「自然言語」という発想が虚構であるとしても，それらが現実的に機能していないことにはならないからです（糟谷，1999: 87）。さらに言えば，小坂井（2002）が述べるように，「まさに虚構のおかげで現実が生成される」（p. iii）とも考えられるからです。「英語」や「フランス語」「中国語」は虚構であるとしても，その虚構があるおかげで，私たちはそれぞれの言語を学ぶことができるのです。

　では，なぜこのような視点を本書は提示するのでしょうか。それは，言語の虚構性について無自覚でいることにより，そこに含まれている問題に気づかなくなってしまうからです。久保田（2008）が指摘するように，「言語に関する記述説明は，実際の言語使用を客観的に投影していると考えがちであるが，実際は虚構であり，社会的コントロールに寄与してしまう」（pp. 16-17）という側面を持っています。私たちの多くは，「正しい英語」とか「正しい用法」ということを無批判に受け入れているかもしれません。そこでは，それぞれの言語の「ネイティブ・スピーカー」が規範とされています。しかしながら，それは絶対的な「正しさ」ではありません。上述したように，ことばの用法の正しさは，時代や社会の変化とともに常に変化してきたのです。あくまでも「正しさ」はことばそのものではなく，何が標準かを定める政治的な力関係によって影響を受けていると言えます。

「正しさ」がなければ，学びようがないのではないか，と読者のみなさんは思うかもしれません。だからこそ，第1章第1節で「英語の受信レベルでは『標準英語』をモデルとし，発信レベルでは『標準英語』から多少の逸脱は容認する，という立場」を提唱したのです。新出漢字を学ぶのと同じく，「お手本」として「標準英語」を参考にしつつ，自分が英語を話したり書いたりするときには，「お手本通り」に固執する必要はない，ということです。

2.2 「虚構」の積極的評価

先にも述べましたが，言語を数えるという行為は，民族や国家との結びつきを前提とします。そのような言語と国家・民族との結びつきがイデオロギー的であるからといって，現実的に機能しないというわけではありません。むしろ，「言語が数えられる」という言語観があるからこそ，成立している現実もあるのです。ここでは，言語の虚構性を積極的に評価する視点について概観しておきます。

たとえば，「インド英語」と呼ばれるものがあります。これは，旧大英帝国による植民地支配を受け，英語を押しつけられたインドが，「英語」という媒体に自分たちの**アイデンティティ**を反映させたものです。なぜそのような選択をしたのでしょうか。日野（1999）によると，「英国の植民地の独立そして自立の過程において，旧植民地宗主国からの脱皮と多民族の国家的統合という，二方向からの要請をともに満たすためのひとつの解答」（同: 197）とされています。つまり，国際英語論の1つである WE（World Englishes）論は，かつて英国から押し付けられた英語を，自分たちのアイデンティティを体現する手段として，再構築しようとしたのです。なお，日野（2003: 17）が指摘するように，それぞれの英語の独自性を強調するだけではなく，正当な英語ないしは標準形として認めようとする思想も見受けられます。この点からも，「言語」が「自然」なものではなく，人為的／政治的な産物であるということがうかがえます。

3 少数言語と言語権

世界に数千もの言語があるからといって，それらのすべてが，私たち

にとっての日本語のように，日常的に使う人がいて，その言語で教科書が書かれたり，教育が行われたりしているわけではありません。中には，話者がほとんどいない言語や，消滅に瀕している言語もあります。このような状況に対して，**言語権**[2] という視点から少数言語を保護したり，言語的多様性を守ろうとしたりする動きがあります。

　これは，何も海外に目を向けなくても，日本国内においても生じている問題です。たとえば，現在の北海道地域におけるアイヌ民族・アイヌ語の存在を知っている人は多いのではないでしょうか。1997 年に制定され，1999 年に改正された「アイヌ文化の振興並びにアイヌの伝統等に関する知識の普及及び啓発に関する法律（略称 アイヌ文化振興法）」には次のような文言があります。

　　アイヌ文化とは，アイヌ語並びにアイヌにおいて継承されてきた音楽，舞踊，工芸その他の文化的所産及びこれらから発展した文化的所産をいうこと。
　　　　　　　　　　　　　　　　　　　　　　　（アイヌ文化振興法 第2）

　引用中には，「アイヌ語」が明記されています。現在では，「日本の北海道地域」という認識が当たり前かもしれませんが，そこにはもともと住んでいた人びと（民族）がいるわけです。アイヌと呼ばれる民族は，独自の文化・言語を発展させてきました。ところが，「日本」の一部として組み込まれるようになって，次第に彼らの独自の言語文化が失われてきたのです。そのような状況に対し，アイヌの言語文化の独自性を主張し，その保護につとめようとする動きがあるのです。

　アイヌ語そのものについては，現在でも北海道の地名として残っているものがたくさんあります。たとえば，札幌，釧路，旭川などです[3]。アイヌ民族の人口は，2013 年に実施された「アイヌ生活実態調査」によると，調査対象である北海道に 16,786 人いるそうです[4]。ところ

2　臼井・木村（1999）は，言語権を「人間の平等という概念を言語的側面に適応し（中略）言語差別を差別として可視化し，是止しようとする試み」（p. 10）と定義しています。

3　それぞれの由来は，次の Web サイトに分かりやすく整理されています。https://blogs.yahoo.co.jp/ondakohei/9072650.html

4　公益社団法人 北海道アイヌ協会：https://www.ainu-assn.or.jp/ainupeople/life.html

が，アイヌ語の話者数になると，わずか「5人」と見積もる人もいます（吉岡・西，2017）。アイヌ民族でさえ，アイヌ語を話せなくなってきているというわけです。

　ある言語の話者数が減少する理由はさまざまですが，言語の使用者が他の地域に移住することで，その言語の話者が減るという事情があります。たとえば，ある地域の経済状況が悪く，仕事を手に入れるために人口の集中する場へと移動することが余儀なくされていたとしましょう。すると，その地域において，もともとの言語を使用する人は減少します。もちろん，故郷（元の地域）に戻ってくることもありますが，東京や大阪のような地域に移り住み，そのまま永住することは少なくありません。そうすると，経済状況の悪い地域はますます人口減に悩まされます。結果として，その言語を使用する人数が減ってしまうのです（田中，2017）。

　上述のアイヌ語はあくまでも一例に過ぎません。日本国内での沖縄のことばはもちろん，世界のさまざまな地域・国の言語的多様性は失われつつあり，消滅に瀕する言語がたくさんあります。

　その反面，どんどん使用者数を増やしている言語もあります。言語の使用者数が増える理由には，その言語を使用する地域における人口の増加が考えられます。たとえば，中国人が世界のさまざまな国・地域に移住し，チャイナタウンを形成，定住することで中国語使用者の人口が増えることが考えられます。また，世界の人びととの交渉や交流のために，ある言語を習得，使用する者が増えるということもあります。かつてのラテン語や，現代の英語などが代表格でしょう。このように，言語人口の増加には，人びとの移動と人口増加，そして異言語使用者同士の交流における媒介という役割があります。

　言語使用者数を増やす言語があるということは，その逆に減少している言語もあります。たとえば少数言語の使用者が，より社会的に力のある言語の使用へとシフトすることで，その言語は消滅の危機に瀕することになります。「より便利な言語を身につけることの何が問題？」と思う読者もいるかもしれません。もちろん，自らの願望を叶えたり，あるいは生きる術として新たな言語を身につけることは大切な手段です。しかしそれは，日本語のように使用者数も多く，社会的地位も高い言語の使用者だからこそ言える，という面があります。少数言語の場合は，そ

の言語自体が消滅してしまう危うさを伴っています。そのような状況に歯止めをかけ，言語的多様性を守ろうとするのが，言語権という考え方なのです。

4　言語の機能の多様性

　ここまで，言語そのものの多様性について，どのような見方があるのかについて述べてきました。本章の最後に，ことばの「働き」の多様性について述べておきたいと思います。

　ことばによって，私たちは，他者に自分の思いや意図を伝えることができます。相手は，それを聞いたり読んだりして，理解しようとします。ことばのこうした機能に加えて，実際に見たり聞いたりしたことだけではなく，経験していないことを想像して言語化することもできます。

　しかし，言語の働きはそれだけでしょうか。読者のほとんどは，何かしらの外国語（異言語）を学習した経験があると思います。その際，自分の母語と学習目標言語との間には，同じ現実を表現するうえでその認識と事象の切り取り方が違うことに気づいた読者は多いでしょう。たとえば，母語を日本語，目標言語を英語として考えてみましょう。日本語では，「チョーク」は数えられる名詞です。他方で，英語では数えられない名詞です。したがって，「1本，2本…」なのか，"a piece of chalk ..." なのかという違いがあります。これは，日本語が「チョーク」という出来上がった製品を表しているのに対し，英語では白い粉（炭酸カルシウムあるいは石膏カルシウム）が集まって出来上がったものとして捉えているからです。このように，言語が異なると同じ対象物に対する見方は異なります。学習者によっては，このような言語間のものの見方の違いが，言語学習・習得上の壁となっているのではないでしょうか。

　これらに加え，本章の冒頭でも述べましたが，言語はそれを用いる個人のアイデンティティの拠り所として機能します。ある人の発話を聞いて，その人の性別や出身地域，年齢層などを想像することが可能なのはそのためです。このように，言語は社会文化的な側面とも切り離せない関係にあります。

　このような言語の多機能性を，英語教育においても扱うべきだとする

主張は，ずいぶん以前からありました。たとえば，森住（1992）は「ことばの 3 機能」として次の伝達機能・認識機能・関係機能を挙げて，いずれもが実際のコミュニケーションにおいて重要であることを論じてきました。

①ことばの伝達機能
　　4 技能の訓練や最終的にはスピーチなど，主としてコミュニケーションに関する実用的な技能論や方法論を扱う。
②ことばの認識機能
　　ことばによって現実の切り取り方やものの見方が異なるなど，ことばの体系や規則と発想法の関係，ことばと文化の関係に関する知識を扱う。
③ことばの関係機能
　　嘘やことばによる人間の差別，言語戦争など，ことばと人間，ことばと社会の関係，及びことばそのものをいかに捉えるかの視点や観点（言語観）を扱う。

(森住，1992: 30)

　英語を用いて他者とコミュニケーションを図るためには，直接的には「伝達機能」が主たる部分になるでしょう。しかしながら，英語を使って伝達しようにも，言語化するうえで日本語と英語の発想法が異なるために，つまり「認識機能」の点からうまく「伝わる」表現ができない場合があります。たとえば，一方が他方を追いかけている，あるいは追いかけられているというイラストを，さまざまな言語的背景の学習者に見せて英語で表現させたところ，ネイティブ・スピーカーや英語の上手な人は，能動態を用いて表現することが多いのに対し，英語の学習途中の人は受動態を用いる傾向が見られました（Ito, Iwao and Naka, 2019）。もちろん，必ずしもネイティブ・スピーカーの規範に従う必要はありませんが，「英語を教える」側としてはこのような傾向を知っておけば，学習者のさまざまな疑問に答えやすくなるのではないでしょうか。
　また，ことばが社会や文化と切り離すことができないことは，国際英語論にとって重要な部分のひとつです。言語の変化は「当たり前」なのですから，それを無理に止めることはナンセンスでしょう。それに，多

様な英語を「訛っている」のように評価することは，そのような表現にアイデンティティを持つ人びとに対する差別的な扱いになりかねません。インドやシンガポールなど，それぞれの地域が独自の英語を発展させてきたのは，この「関係機能」から説明が可能でしょう。上述したように，私たちが普段用いている「ことば」を制度化して出来上がったものが「言語」です。インド英語やシンガポール英語は，人びとが用いている英語を体系化することから生み出されます。彼らは植民地時代に押し付けられた英語に対して，自分たちのアイデンティティを表現する術として，独自の英語表現を生み出してきたのです。

さらに，そのような英語を用いて表現をするうえでも，社会や文化的慣習が影響を与えます。たとえば本名（2013）は，さまざまな英語におけるメタファー表現を取り上げ，「各民族の人々が自分の文化に合わせて英語を使うのは，ごく自然の成り行き」（同: 57）であると述べています。メタファーとは，比喩表現のことです。ある現象を何にたとえて表現するのかは，それぞれの言語文化によって異なります。同じアメリカ人のネイティブ・スピーカーであっても，野球に詳しい人とそうではない人とでは，"Her answer is not even in the right ballpark." という英文の解釈が異なります。「野球場 (ballpark)」は大きさや形状がまちまちなので，「正しい (right)」野球場というのはないわけですが，仮にそれがあって「さえも (even)」，彼女の答え (her answer) は当てはまらなかった，つまり「彼女の答えは根本的に間違っている」というわけです。本名によれば，マレーシアでは，「塩を食べる」ことが「辛い経験をすることを指す」ことから，"I've eaten more salt than you, son. So don't argue with me. （私はおまえより経験を積んでいるんだから，口応えはいけません）"（本名，2013: 53）という表現があるそうです。このように，英語のネイティブかどうかに関わらず，自分たちの文化的慣習を英語という手段に乗せて表現しているのです。

このように，ことばの機能は多様です。いわゆる4技能としてくくられる伝達機能だけではありません。国際共通語としての英語を学び，使っていくうえで，ことばの関係機能や認識機能にも目配せできることが望まれます。そうでなければ，コミュニケーションの場で出会うさまざまな英語に対して，「ネイティブっぽい英語ではない」という否定的な判断を下しかねないからです。これでは，英語を用いて異質な他者と

つながろうとする営みが，むしろ彼らと分断・断絶するという結果をもたらしかねません。

■「言語」について考えさせる

　言語道具観にもとづいた英語教育にはどのような特徴があるでしょうか。板場（2001）は次のように述べています。

　　外国語教育の目標は，特にそれがコミュニカティブな言語である場合，言語運用能力の習得である。多くの言語教育学者は習得させる言語を target　language（対象言語，目標言語）と呼ぶのはこのためである。習得される言語が target であれば，学習者の言語習得レベル（言語を操る能力）を客観的に知りたいと考える。そこで，学習者の言語運用機能をスキルの面から客観的に測定する必要が生じ，その結果，あらかじめ定められたさまざまな目的に応じた言語運用ができるかどうかという学習者の機能性に結びついた教育論になった。

（板場，2001：192）

　スキルの習熟に徹した教育は，フレイレ（1979）によると「銀行型教育」（同：65-92）です。あるいは，里見（2005）に言わせれば，「情報蓄積型の学習」（同：41）です。それは，情報やスキルを自分の中に取り込んで，そのレパートリーを「蓄積」していく学習スタイルです。里見によれば，その特徴は次の通りです。

　　自分の考えや感じ方は棚上げにして，とにかく教えられたことを受動的に覚える，というかたちでおこなわれる「学習」は，「知る」こと（知識を得ること）と「考える」こと（考えをつくること・つくりかえること）を分断し，知識の習得をある種の預金行為におとしめてきた。

（同：42）

　彼によれば，こうした学習スタイルには「なによりも，人間を世界に

たいして，そして教師の権威にたいして受動的にする」（同: 42）という効用があります。つまり，「考えない」学習者の育成に寄与し得るのが，言語道具観なのです。

　他方で，新しい学習指導要領によれば，「考える」力の育成は重要な要素のひとつです。フレイレや里見の指摘に従うならば，言語道具観にもとづいた英語教育では矛盾することになります。

　仮に言語が道具であるならば，その使い方を誤ると相手を傷つけることもあります。もちろん，英語をコミュニケーションの「道具」として使うことで他者と分かりあうことが期待できる面もあります。同時に，英語は他者を傷つける，つまり他者と分断する側面もあることを意識させるためにも，言語を単純な道具の次元で捉えることは，少なくとも教育上は望ましいものとは言えないでしょう。

■実践への応用

　たとえば次のように，学習者に問いかけて，「物の見方」が変わることを体感させるのはどうでしょうか。

　　Well, let's play a little game. Lend me two pencils, please. Now take a pencil and stand it on your desk like this. Take another pencil and hold it in your right hand. Then cover your left eye with your left hand. Now try to touch the top of the pencil with the pencil in your hand.

　　All right. Stop. How many of you could this? Nobody?

　　O.K. Please be quiet. This time try it with both eyes. Now it's quite easy.

　　When we study a foreign language, we see things from a different angle. We can see them more clearly and understand them better.

　実は上記の英文は，昭和52（1977）年度版『学習指導要領』の期間に用いられていた，中学校向けのある教科書の本文の一部です。右目だけ，あるいは左目だけで見る対象物は違って見えます。そのことに加え，両目で見ることで対象物はよりはっきりと見ることができます。これと同じように，言語が違うことで，物事の切り取り方は異なります。たとえば，同じ現象に対しても，日本語と英語とでは表現の切り取り方が違うものもあります（数えられる名詞かどうかなど）。英語での切り取

り方を知ることで，日本語の切り取り方を客観的に認識することができます。18世紀の文豪ゲーテはかつて，こう言いました。「外国語を知らない者は，ことばのすばらしさを知らない。なぜならことばとは，ただ使うだけでなく学んでこそ，奥深さが分かるからだ」と。このように，英語をはじめ新たな言語を学ぶことにより，自らの言語をより深く理解することができる面もあるのです。もしそうであれば，異言語を学ぶことは，学習者にとって物事をより多角的に捉える契機になり得ます。

　言語が変わりゆくことについては，古い文法書や辞書などを，授業で活用するのも1つの方法です。文法について，つまり言語の「正しさ」の変化を示す例となります。たとえば関係代名詞の目的格は，現在の中学校英語教科書ではあまり重点的に扱われていません。古い文法書には詳しく解説されている文法現象も，現在ではほんの少ししか言及されていないケースもあるのです。

　また，辞書に掲載されている単語の意味の変化に着眼すれば，同じ単語であっても意味に変化が生じている事実を学習者に気づかせることもできます。同じ辞書の新旧版で同じ単語を調べると，意味の変化に気づきやすいでしょう。最近では，オンライン辞書を活用することもできます。スコットランドのグラスゴー大学が無料で公開している *Historical Thesaurus of English* （https://ht.ac.uk/）では，過去1000年ほどの間に使用された80万語以上の英単語が意味・時代ごとに分類されています。同サイト内で検索した単語は記録上の最古の年代が示され，リンク先のOED（*Oxford English Dictionary*）で確認できます。

（仲　潔）

第3章	## 英語の諸相 ——世界に広がる英語を概観する

キーワード	□３円モデル　　　　　　□ World Englishes □リンガ・フランカとしての英語 □国際共通語としての英語　　□マルチコンピテンス □トランスランゲージ
概　要	・歴史的経緯，社会的背景に基づく「英語」の分類について解説し，その境界が昨今の英語の広がりによって，あいまいになっている点を指摘します。 ・グローバル社会で英語が担う役割から，World Englishes，リンガ・フランカ，国際共通語を解説します。 ・昨今の英語使用とその話者に関わる状況を踏まえ，「英語母語話者」「非英語母語話者」「英語学習者」の解釈を再考します。

【世界で話される英語はみな同じ ?!】

　私がオハイオ大学の大学院生のころ，初めてロンドンへ行った時の出来事です。高校と大学が一緒だった友人がウェールズ大学の大学院にいたので，クリスマスの時期に私がイギリスに行って，そこから２人で旅行をすることにしました。彼女とロンドンのヒースロー空港で待ち合わせをして，パリへ行く予定でしたが，パリ行きのフライトまで時間があった私たちは電車に乗ってロンドン市内の中華街へ行きました。昼食後，空港へ戻るために電車に乗ったのですが，途中で止まってしまいました。予約していた飛行機には完全に間に合いません。空港へ着くと，友人がコインロッカーへ荷物を取りに行き，私は事情を説明して空席がある便に乗せてくれるように交渉するためカウンターへ行きました。ところが，カウンターで対応してくれた女性の英語が非常に分かりにくく，何度聞き返しても今ひとつ要領を得ません。お互いイライラしてきたところへ，ちょうど荷物を持った友人が来ました。そして，彼女が事

情を説明すると，話はとんとん拍子で進み，最終便に乗れることになりました。カウンターでの交渉がうまく行かなかった理由は英語の違いです。アメリカ英語に慣れている私には，イギリス英語は非常に聞き取りにくい英語だったのです。ネイティブの英語が分かると信じていた私にとって，アメリカ英語とイギリス英語はかくも違う言語であると実感した，衝撃的な体験でした。

1 英語の3区分

1.1 ENL・ESL・EFL

　社会における役割を基準にすると，英語は，母語としての英語（English as a native language, ENL），第二言語としての英語（English as a second language, ESL），外国語としての英語（English as a foreign language, EFL）の3つに分類できます。「第二言語」とは，母語を第一言語とし，その次に学習あるいは習得した言語を指しますが，第二言語習得研究では，3番目，4番目であっても順序に関わらず母語習得後の言語を第二言語としてまとめて捉えています。

　第二言語の使用環境はふたつに分けられます。ひとつは，国内で英語が公用語となっている場合です。他言語を母語あるいは母国語とし，英語を第二言語として使います。もうひとつは，他国からアメリカやイギリスなどの英語圏に移住した人びとが日常的に英語を第二言語として使用する環境です。学習環境から見ると，英語圏の学校で英語を学ぶ場合はESLですが，日本で勉強する場合，英語は外国語なのでEFLです。同様に日本に居住する外国人にとっての日本語はJSL（Japanese as a second language），海外で日本語を勉強している場合はJFL（Japanese as a foreign language）となります。

1.2 カチュル（Braj Kachru）の3円モデル

　歴史的経緯と社会的背景を考慮して，1985年にカチュルは国や地域を3つの円で表す3円モデルを発表しました（次ページ図1）。

　3円モデルでは母語話者の英語が中心に据えられ，外円へ，そして拡

1　拡張円という表現も使われています。

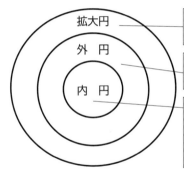

図1：カチュル（1985）の3円モデル

拡大円	外国語として英語を学ぶ国や地域（例：日本，韓国，ヨーロッパ諸国）
外 円	英語を(準)公用語として使用する国や地域（例：シンガポール，インド，ガーナ）
内 円	英語が主要言語である社会で生まれ育ち，英語を母語とする人びとの国や地域（例：アメリカ，イギリス，オーストラリア，カナダ）

大円[1] へと円が外側へと広がっています。この構図は英語の歴史的広がりと重なります。さらに，円の大きさは使用者の比率を表しています。3つの中で最も外側に位置する拡大円の大きさは，外国語として英語を学習および使用する人びとが，内円と外円の英語使用者に比べて多い現実（Crystal, 2018）と重なります。

1.3　多様化する英語の境界線

　カチュルのモデルは広く引用される一方で，批判もあります。カチュルはそれまでのENL，ESL，EFLがネイティブ（ENL）対ノンネイティブ（ESL，EFL）の二者択一として捉えられることの代替案として，3円モデルを提案しました。しかし，内円の英語を母語と括ることで，やはり外円と拡大円の人びとはノンネイティブと見なされます。しかし，外円では，母語話者の英語とは異なる特徴を有したユニークな英語が日常的に使われています。植民地時代に英語がもたらされ，社会の中で使われていくうちに，現地語と融合し，音声・語彙・文法・語用の面で変化が生じ，結果，イギリス英語やアメリカ英語が変化し異なる英語が誕生していきました。たとえば，シンガポール英語やマレーシア英語は，シングリッシュやマングリッシュとして社会の中で通用しています。そして，現代ではこうした英語を母語とする現地の人びとがいます。したがって，母語の定義からすれば，従来の母語話者とは違う英語であっても，「英語」母語話者と言えます。そして，昨今，外円の英語と同じように，拡大円の英語も独立した固有の英語として認める動きがあり，アジア英語やヨーロッパ英語などを主張する研究者もいます（Berns,

1995; Kirkpatrick, 2007)。

　3円モデルからは外円で発達した英語と拡大円で発達しつつある英語の形成過程が異なることが分かります。しかし，世界的広がりに伴う英語の多様化は，こうした内円，外円，拡大円の境界線をあいまいにしています。

2　多様な英語を捉える

　ENL，ESL，EFLまた内円，外円，拡大円といった，境界線を基本とする概念では，昨今の英語の多様化を捉えることは困難であることから，これまでの「英語」の概念が変化しています。本節では，多様化する英語に対する3つの見解を概観します。

2.1　World Englishes (WE)

　3円モデルを提案したカチュルは，外円の人びとが使う英語を独立したひとつの「英語」であると主張しました。もとは宗主国の言語であった英語ですが，植民地時代，入植者とともにもたらされた英語は，徐々に現地の人びとにも使われるようになり，彼らの言語生活の一部になり，独自の「英語」へと変化していきました[2]。母語話者の英語から創造された，土着の英語は独特のアクセントを有し，語彙使用，イディオム，文法，さらには語用面においても特徴的です[3]。カチュルはこうしたさまざまな英語を **World Englishes** という総称で呼びました[4]。単語としての English は複数形にできませんが，世界には異なる英語があることを主張するため，あえて複数形になっています。そして，こうした英語は応用言語学の研究者から注目されるようになりました。

　WE の研究は 1970 年ごろから盛んになり，1978 年にスミス（Larry

2　このプロセスについては，シュナイダー(Edgar Schneider) が 2003 年の *Language*，79 (2) に発表した，The Dynamics of new Englishes: From identity construction to dialect birth (pp. 233-281) に詳しく書かれています。

3　具体例は第 5 章を参照してください。

4　World　Englishes は日本語の定訳は存在しないようです。本名 (2013) は，「世界諸英語」，吉川 (2016) は「国際英語」という訳を用いています。日本語には多様の概念を表す言語形式（複数形）がないので，本書ではあえて日本語訳を併記していません。

Smith) とカチュルが米国のハワイとイリノイで各々学会を開催しました。スミスは「国際補助語としての英語」(English as an international auxiliary language) を唱えており，外円の英語に注目したカチュルとは視点が異なりますが，両者はともに「多様な英語が存在する」と主張する点で一致しています。そして，2人が主催した学会を機に1980年代に関連学会が開かれるようになり，1992年5月にはWEの研究者らによって，the International Association for World Englishes (IAWE) が創立されました[5]。そして，World Englishes の年次大会が開催され，*World Englishes* という学術誌も発行されています。

　WEの研究は，当初，外円で使われる英語の特徴を明らかにしようとしました。そして，その国で使われる英語に特有な音声，語彙，文法などの特徴が検証されると，国名が名称の一部に使われ，インド英語，ナイジェリア英語などと呼ばれるようになりました。これは，WEの学問領域において，独立した「英語」として認められたということです。さらに，現地の英語で書かれた文学作品についても，その独自性が主張されています。Dawson Varughese (2012) は，現地語あるいは社会で通用している他の言語ではなく，あえて英語を選択して書かれた，外円と拡大円の文学作品を World Englishes literature と呼んでいます[6]。この著書の中では，イギリスの植民地であった，カメルーン，ナイジェリア，ウガンダ，ケニア，マレーシア，シンガポール，インドの作家とその作品が取り上げられています。その中で引用されている，カメルーンの作家 Shadrach A. Ambanasom 氏の次のことばは，まさに World Englishes を生んだ英語使用者の心のうちを表しています (Dawson, 2012: 61)。

　　はじめの一歩として，我々は表現の手段となる英語を身につけなければならない。そのためには英語の文法規則を学ぶことである，もちろん我々の手中にあっては，決して純粋なままの英語ではありえないけれど。そして，徐々に文法規則を自分たちに適合させていさ，我々の詩的許容を可能にする言語手段とする。我々が作り上げた文法は従

5　学会ホームページ http://www.iaweworks.org/
6　World Englishes literature はポストコロニアル文学とは異なると主張しています。この意図は *Beyond the Postcolonial* というタイトルに表れています。

来の文法規則に則していないけれど，このことは我々の言語的無知や愚直さを示すものではなく，我々の言語能力を表している。英語を使って創造し論じる者にとって最大のチャレンジのひとつは，創造を豊かに表現できる手段を得ることである。

（柴田訳）

　WE は多様化する英語の独自性を尊重しています。しかし，特有の言語的特徴を持つ英語を国に帰属させることは，特定の国の英語を固定概念として植え付けてしまう危険性があります。たとえば，インド英語は独特のアクセントが非常に強く，聞き取りにくいというのが一般的な見解のようですが，実際には話者の母語である原地語（タミール語，グジャラティ語など）によってインド英語の音韻的特徴が異なると報告されています（Wiltshire & Harnsberger, 2006）。したがって，異なる英語を地理的枠組みで捉えるアプローチは，さまざまな相違を覆い隠してしまいます。そこで，国や地域を英語の境界とするのではなく，実際のコミュニケーションに着目する，「リンガ・フランカとしての英語」(English as a lingua franca, ELF) という分野が誕生しました。

2.2　リンガ・フランカとしての英語 (English as a lingua franca, ELF)

　「リンガ・フランカとしての英語」は，母語は異なるけれど英語を知っている人たちが用いる，共通語としての英語を指します（Seidlhofer, 2004, 2011）。ELF の考え方では，英語はアメリカやイギリスといった特定の国と文化から切り離され，規範的な英語は存在しません。異文化間コミュニケーションでは，母語や文化的背景が異なる人がいるわけですから，使われる英語もさまざまで同じ英語を話すわけではありません。この意味で ELF は単体ではなく，さまざまな英語 (Englishes) の集大成と捉えることができます。したがって，ENL，ESL，EFL に関係なく，英語を共通語として使用する人はみな ELF 使用者です。

　異文化間コミュニケーションで用いられる ELF の特徴が注目され，ELF は学問領域として盛んに研究されるようになりました。ELF の研究にはふたつのアプローチがあります。ひとつは形式上に見られる言語的特徴に焦点を当てるアプローチ，もうひとつはインタラクションの特徴に焦点を当てるものです[7]。前者は ELF 使用者らがどのような形式（音

声，語彙，文型）を用いているか，後者は異文化間コミュニケーションにおいて ELF 話者がどのように対話を進めるかが主な研究テーマです。

　サウサンプトン大学（イギリス）のジェンキンス（Jennifer Jenkins）は共通語として英語を用いる場合に理解を妨げる音韻的特徴を報告し，リンガ・フランカ・コア（Lingua franca core, LFC）と呼んでいます（2000）。たとえば，語頭に表れる /p/，/t/，/k/ に気息音 [h] をつけない（pot [pʰat] 等），また硬音（たとえば，/p/ や /f/）と軟音（たとえば，/b/ や /v/）の前に現れる長母音と短母音の区別をしない（live/lív/ と leave/líːv/ 等）といった場合に理解の妨げが起こると説明しています。また，ウィーン大学（オーストリア）のサイドルホーファー（Barbara Seidlhofer）を中心とする研究者たちは VOICE というコーパスを用いて，ELF 使用者が話す英語の形態的・統語的特徴を調べてきました[8]。言語的特徴を研究するアプローチは先の World Englishes と同様ですが，ELF は国と結びついた単体としての英語ではなく，母語や文化を異にする人びとが使う英語に共通して認められる特徴を検証しようとする点で異なっています。

　言語形式だけでなく，実際のコミュニケーションにおける運用面での特徴も研究されています。母語や文化が異なる人びとが共通言語として英語を用いる場面では，母語話者同士によるコミュニケーションに比べて，誤解やミスコミュニケーションの頻度が増えると予測できます。これは言語使用が事象の捉え方，価値観と深い関わりを持つからです。これらの社会文化的視点は個々の言語コミュニティで異なり，人びとは言語習得の過程で同時に身につけていきます。したがって，適切とされる言語運用は言語コミュニティによって異なり，その相違が ELF コミュニケーションにも影響することは十分に考えられます。

　『歴史をかえた誤訳』（新潮文庫，2004）を著した鳥飼玖美子は，語用面での文化的差異が深刻な外交問題につながった例として，1970 年の佐藤・ニクソン会談を紹介しています。当時のニクソン米大統領と佐藤栄作首相との首脳会談で，日米貿易摩擦に関わる日米繊維交渉の際，佐

7　2019 年 1 月 27・28 日に開催された第 8 回早稲田 ELF 国際ワークショップでウィドーソン氏（Henry Widdowson）はこれらふたつのアプローチを L (inguistic)-approach と C (ommunicative)-approach として言及していました。
8　詳細は第 5 章を参照してください。

藤首相がニクソン大統領の協力要請に「善処します」と回答し，これが "I'll do my best." と通訳されました。佐藤首相の表現の裏にはやんわり断る意図があったのですが，英訳はポジティブなニュアンスを持ち，ニクソン大統領に期待を持たせてしまったというのが事の顛末です。これは典型的なコミュニケーション・ギャップですが，通訳の世界ではこの英訳が誤解を生み，会談をこじれさせる原因になったと考えられています。ただし，交渉がこじれた経緯については諸説あるそうです。

　このように，異文化間コミュニケーションの場面で，私たちは母語習得に伴って身につけた社会文化的観点（信条，価値観，世界観等）に基づいて言語表現を選択し，母語の社会文化的規範に則ったマナーやスタイルを用いることがあります。

　一方で，異文化間コミュニケーションの場でELF話者のインタラクションを観察すると，文化的背景の相違が必ずしもコミュニケーションを阻害するわけではないようです。ELFを使ってコミュニケーションをする場合，文化的背景が異なることを意識し，相手が理解してくれるように伝える工夫をするという姿勢を参加者らが持ち合わせているからでしょう。また，コミュニケーションをなるべく中断しないための方略も使っています。たとえば，対話中に分からないところがあっても，話が進むうちに何かをきっかけに分かるかもしれないと思って，分からないところをそのままにしてやり過ごす対処法です。Firth （1996）はこの方略を Let-it-pass（やり過ごし）と呼んでいます。

2.3　国際語としての英語 (English as an international language, EIL)

　鳥飼（2011）は，**国際共通語としての英語**が持つ二面性を指摘しています。世界中の人が使う共通語なのですから，誰もが自由に英語を使えばいいのですが，その一方で，共通語として機能するためには，みんなに分かる英語でなければなりません。この2つは矛盾しているようですが，相互補完の関係です。前者の見方を，ネイティブの英語である必要はなく，好き勝手な英語を使ってよいと解釈すると，お互い何を言っているか分からず，たちまちコミュニケーションは立ち行かなくなります。だからこそ，後者の見解が大切なのです。通じるためには分かりやすい英語を使わなければならず，そのためには英語使用者が共通の規範に則る必要があります。しかし，その規範をどこに定めるかは難しい

問題です。

　EIL の研究者は，国際語としての英語がどのような特徴を持つのか，どの英語が国際語として相応しいのかを議論するのではなく，言語や文化を異にする人びとの間で英語が果たす機能に焦点を当てています。WE は 3 円モデルの外円で創造された英語の独立性を主張し，ELF はとくに拡大円で発展している英語に注目しています。EIL がこれら 2 つの見解と異なるのは，EIL は多様な英語が使用されている現実に鑑み，英語教育の在り方にも具体的なアプローチを議論，提言している点です（Alsagoff, McKay, Hu, & Renandya, 2012; Matsuda, 2012）[9]。特定の英語（とくにアメリカ英語やイギリス英語）に特化した言語知識を教えるのではなく，国際語として自分たちの英語を使う際に知っているべきこと，意識すること，気をつけることなどを教示しています。つまり，言語レベルでの効果的な教え方ではなく，L2 英語学習者が異文化間コミュニケーションで英語を共通語として駆使できる能力を養うために，英語教育の在り方と教員の意識について教育的示唆を与えています。

　多様化する英語の実情は，英語教育にパラダイムシフトの必要性を示唆しています。とくに，先にも触れた，規範英語をどの（誰の）英語にするかは非常に重要な課題です。Matsuda & Friedrich（2012）は，国際語としての英語を教える際，選択肢として「国際英語」[10]，「地域で生まれた独自の英語」，「既成の英語」を挙げ，その中で 3 つ目の「既成の英語（an established variety of English）が適切だと提案しています。既成と言っても，母語話者の英語というわけではありません。学習者のニーズによって，外円あるいは拡大円の英語が適切な選択かもしれません。肝心なのは，ビジネス，学術，エンターテイメントなど異なる

9　WE と ELF も，母語話者英語の偏重に警鐘を鳴らし，多様な英語を取り入れるべきだと英語教育へ提言しています。ただし，提言はあくまで概念の変革を主張するもので，実践方法はあまり示されていません。

10　「国際英語」は原文では the international variety of English が使われています。さまざまな英語の言語的特徴を検証し，それらに共通する特徴を取り入れた，普遍的で画一的な英語を意味しています。世界中で「国際英語」を標準として教えれば，学習者はみな同じ言語知識を持つと考えられます。しかし，Matsuda & Friedrich（前掲）はこの仮説が非現実的だと主張しています。まず，多様な英語すべてを検証することは無理です。そして，同じ英語を学習しても，母語の影響は否めず，実際のコミュニケーションではやはり独自の英語を使い，対話者らは標準とは異なる英語に遭遇することになります。ひとつの英語に限定することの限界がここにあります。

状況で，できるだけ多くの人が理解できる英語を選択することです。ただし，外国語として英語を学習している拡大円の多くの国では，アメリカ英語あるいはイギリス英語が主流です。いわゆる母語話者英語ですが，Matsuda & Friedrich（前掲）は，この英語を教えること自体は問題ではないと述べています。問題なのは，学校で教える英語は母語話者英語が当たり前だと思うことや，二者択一（アメリカ英語かイギリス英語か，母語話者英語か国独自の英語か）で捉えることです。この点を踏まえ，どの（誰の）英語を教えるかは学習者や社会におけるニーズを考慮したうえで慎重に決定すべきだと提言しています。さらに，ひとつの「英語」を選んだとしても（多くの場合，母語話者英語），同時に多種多様な他の英語にも触れる機会を与えることも肝要です。

3 「ネイティブ」対「ノンネイティブ」の（無）意味

　グローバル化に伴う英語の多様化は，母語話者と非母語話者の概念を再考する必要性をもたらしました。英語が母語であるか否かで，英語使用者は「ネイティブ」と「ノンネイティブ」に二分化され，前者は「生きた英語」「正しい英語」を話すと見なされてきました。世界的に著名な言語学者チョムスキー（Norm Chomsky）は言語能力（competence）を，文の正確さを判断するのに理想的な母語話者が有する能力と定義しました。第二言語習得研究でも，母語話者の文法性判断を基準とし，非母語話者の判断がどの程度その基準から逸脱しているかを検証してきました。しかし，言語が持つ創造性により，私たちは常に新たなことばを生みだしています。そして，このプロセスは時代，世代を経て，言語変化をもたらしています[11]。

　たとえば，身近な例として日本語の「ら抜きことば」があります。文化庁は「国語に関する世論調査」を行っており，ホームページには平成7（1995）年からの結果を見ることができます。調査項目は毎年変わりますが，2015年では「ら抜き」ことばの使用状況が報告されていました。全国の16歳以上の男女を対象に「食べられない／食べれない」「来られますか／来れますか」「考えられない／考えれない」「見られた

11　詳しくは第5章を参照してください。

／見れた」「出られる？／出れる？」を含む文のうち普段どちらを使うかを調査し，1,959 人から回答を得ました（文化庁，2015）。この結果，「食べられ」「考えられ」を選んだ人はそれぞれ 60.8% と 88.6% で「られる」のほうが優勢でしたが，「来られ／来れ」「見られ／見れ」「出られ／出れ」は前者を選んだ人，後者を選んだ人の割合はそれぞれ45% 前後でした。「見られ／見れ」と「出られ／出れ」はそれぞれ前者が 44.6% と 44.3%，後者が 48.4% と 45.1% でいずれも「ら抜き」が若干多くなっています（各々の差は 3.5% と 0.8%）。この現象は 1995 年の調査開始以来だそうです。「来られる」と「来れる」の回答率は45.1% と 44.1% で，まだ「ら抜き」用法が僅差で下回っていますが，次回の調査では後者が多数になるかもしれません。このように母語話者の間でも言語の判断に「ゆれ」があります。つまり，中核となる言語規則を共有する一方，一律に均質の言語能力を有しているわけではなく，母語話者にも個人差があります。ですから，実際の「母語話者」はさまざまな言語能力の人が含まれることになります。

　理論的には母語話者と非母語話者の二者択一は可能でも，生身の話者をいずれかに区分することは非常に困難です。私は 1993 年にアリゾナ大学で博士課程を始めた時，大学附属の ESL プログラムでティーチング・アシスタント（TA）[12] として授業を担当しました。英語を母語としないノンネイティブの私が TA に決まった時は，正直驚きました。生徒は「生の英語」を勉強するために，わざわざ ESL 環境に来ているのだから，ESL プログラムで英語を教える資格は，当然，ネイティブにあると思い込んでいたからです。しかし，実際にはほかにも同じくノンネイティブの中国人の TA やハンガリー出身の ESL 教員もいました。

　非英語母語話者の ESL 教員を対象に調査を行った Liu（1999）は，注目すべき結果を報告しています。アメリカの中西部の大学で ESL を教える非母語話者 7 名に，自らを母語話者あるいは非母語話者のいずれに見なすか，「非母語話者の TESOL 教員」という表現は彼らにとって何を意味するかを尋ねました。調査に参加した教員の母語は，中国語，デンマーク語，オランダ語，フランス語，イタリア語，韓国語，タガログ語とさまざまで，英語を学んだ環境（2 言語同時，ESL，EFL）や学習

12　アメリカの TA は，多くの場合，正規の教員のように単独で授業を担当します。

開始時期（生まれた時から，幼稚園，5年生，中学校，高校），渡米年齢（6歳から35歳）も異なっていました。結果は，母語話者か非母語話者かの選択が一筋縄では行かないことを示すものでした。EFLの環境で英語を学び，20代もしくは30代でアメリカへ来た3名は「非母語話者のTESOL教員」ということばにそれほど抵抗はなく，自らを非母語話者と見なしていました。一方で，幼少期に渡米しESLの環境で英語を身につけた3名の回答は二者択一の選択にどれほど意義があるかを考えさせられるものでした。6歳でアメリカに来たイタリア出身のI氏は英語母語話者，9歳でアメリカに来た韓国出身のK氏は韓国語と英語のバイリンガル，10歳でアメリカに来たデンマーク出身のDK氏は英語とデンマーク語それぞれの母語話者と回答しました。

　母語話者か非母語話者かの決定は，言語能力，帰属文化，アイデンティティなどの要素が複雑に関わり，基準も個人によって違いがありました。T氏はフィリピンで生まれ英語を母語として育ち，その後タガログ語を身につけましたが，自らをタガログ語母語話者と見なしていました。その理由として，彼女は帰属文化が母語話者としての判断基準であると説明しています。二者択一の基準は多様で，明確にどちらとは決められないのが現実です。言語能力だけで英語母語話者と判断できない背景には，自己のアイデンティティと英語以外の言語の位置づけが関わっているからです。こうした実情をDK氏の次のことばが的確に表しています。

　　母語は選択の余地がないけれど，特定の言語の母語話者になる選択
　はできる。　　　　　　　　　　　　　　　　　　　（Liu, 1999: 柴田訳）

　グローバル化が進み，モノと人の流動性が加速する中，母語話者と非母語話者の境界があいまいになっています。この現実は，英語使用者を二分化する意味を考えさせてくれます。

4　マルチコンピテンスから考える言語使用者

　昨今の英語使用の現状に鑑みて，その多様性を考慮した教室指導を行うことは，英語教育に関わる人びとにとって重要な責務です。しかし，

指導法やアクティビティを考える前に，「非英語母語話者」と「英語学習者」をどのように捉えるかを考える必要があります。

　英語母語話者と非英語母語話者の二分化は，言語面（文法的正確さや語用的適切さ）だけでなく，政治や経済においても前者の優位を助長し，両者の間に不平等を生んでいると指摘されています。そこで，代替としてL1英語使用者とL2英語使用者が用いられることがあります。しかし，「母語話者」と「L1」は，英語母語話者に，英語しか使えないモノリンガルというイメージを付与してしまいます。母語あるいはL1英語話者であっても単一言語話者でなく，複数の言語を使う英語母語話者であるかもしれないという事実を隠すことになります。また，「非母語話者」と「L2」は学習者の母語と目標言語が単体として存在しているイメージを与えます。

　実際の言語使用はもっと複雑で混沌としています。私たちはいつも同じ「言語」を使っているわけではなく，対話者や状況によって，標準語，方言，丁寧語，あるいは特定のグループで共有している「言語」（若者ことばなど）を使い分けています。つまり，私たちが「英語」「日本語」とひとくくりにして呼んでいる言語にはいくつもの変種（varieties）が存在するのです。したがって，たとえモノリンガルであっても複数のバリエーションを使い分けている点で（1つの言語の）多変種話者と言えます。さらに，バイリンガルとは，2つの個別言語をうまく使い分けている人をイメージしますが，必ずしも均質の言語能力を習得しているわけではありません。多くの人はどちらかの言語が優勢です。また，たとえば日本語の文型に英語の単語が挿入される，いわゆるコードスイッチングが起こります。英語学習者には母語転移という現象があります。たとえば，日本人英語学習者は，*Today is tired. のように，主語と述部が意味的に不適切な文を作ることがよくあります（Shibata, 2006）（文の始めにある*は，その文が文法的に正しくないことを表しています）。これに相当する日本語「今日は疲れた」では，文頭に話題の「今日」が現れ，述部「疲れた」の主語「私」が省略されています。これをそのまま英語訳すると上述の英語文になるわけです。

　ニューカッスル大学（イギリス）のクック（Vivian Cook）はひとりの言語使用者が有する複数言語の知識を包括的に捉えた**マルチコンピテンス**（multicompetence）という概念を提唱しています（Cook, 1999）。

マルチコンピテンスは，言語使用者の母語，学習言語の（現時点で有している）知識，そしてそれ以外の知識を含み，それらが一体となって使用者の言語能力を形成しているという考え方です。クックのモデルは言語能力の状態を説明するものでしたが，昨今は**トランスランゲージ**（translanguage）という，実際の言語使用に関わる見解が提唱されています。トランスランゲージとは，ひとりの言語使用者には母語の方言や変種，多言語がひとつの言語システムとして内在しており，そこに貯蔵された言語レパートリーを総動員してコミュニケーションを図っているというのが基本的概念です。さらに，Otheguy, García, & Reid は2015年の論文で「トランスランゲージの『言語』とは社会的・政治的な境界，つまり国と結びつけられるものではない」という文言を定義に含んでいます。

　マルチコンピテンスとトランスランゲージの考え方は，完璧に習得し駆使できる言語を個々に数えるのではなく，個人が持つ複数言語を能力の程度に関わらず総合してひとつの（知識と運用を含めて）言語力と捉えるものです[13]。ひとりの話者は多言語・多変種能力を有している点を踏まえ，渋谷（2013）は多言語・多変種能力モデルを提案しています。たとえば，名古屋で生まれ育ち，その後アメリカに住んだ私の場合，名古屋弁，共通日本語[14]，英語，スペイン語（アメリカの大学で一学期履修），ドイツ語（配偶者の親戚がドイツ語話者）が混在しています。日常生活はほとんど共通日本語を使うので優勢変種として太い輪郭の円，一方で，子どものころに習得した名古屋弁はほとんど使うことがないので細い線の円で，共通日本語の中に含まれています。アメリカ在住のころは英語が優勢言語でしたので，太い輪郭だったはずですが，現在は細い線の円です。スペイン語とドイツ語は日常会話もままならない程度ですが，言語能力の一部になっていると考えています。読者のみなさんもそれぞれに自らを構成する多言語，多変種能力を考えてみて下さい。

13　Dewaele（2018）は，母語を習得した後に学習あるいは習得した言語をすべて第二言語としてくくってしまうL2という用語がマルチコンピテンスの観点からすると，複数言語を有する人を部分的にしか捉えていないので，LX使用者という名称が適切だと主張しています。
14　日本語母語話者の間で共有している日本語という意味で，標準日本語ではありません。

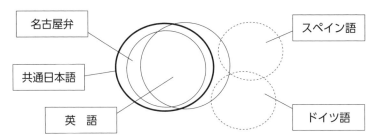

図2：渋谷（2013: 47）を参考にした，柴田の多言語・多変種能力

　図に示したモデルと同様に，クックの提唱するマルチコンピテンスも習熟の程度に関わらず複数の言語から構成されるものです。この点を踏まえると，クックはマルチコンピテンスには学習言語の習熟度は関係がないと考えていると思われます。第二言語習得研究や英語教育では，学習者の英語能力は不完全と見なされますが，言語使用者という立場からは発達（学習）途中の言語もマルチコンピテンスの一部です。また，「非英語母語話者」「英語学習者」という呼称は英語能力の程度を表してはいません。したがって，誰もが多言語・多変種使用者であるならば，非英語母語話者であっても英語学習者であってもマルチコンピテンスを持ち，トランスランゲージを行っている，つまり自己が持っている言語レパートリーを使ってコミュニケーションを図っていることになります。

【英語教育への提案】

■越境コミュニケーションと言語（≠英語）使用者

　第二言語習得研究では，英語学習者の言語知識が母語話者のものとどのように異なるか，そしてどのようなプロセスで母語話者のレベルに到達するかが主たる研究テーマであることから，学習者と母語話者との相違は誤りの有無によるものとされます。こうした扱いは英語教育にも踏襲されています。しかし，こうした観点から学習者を捉えると，いつになったら ELF あるいは EIL 使用者になれるのでしょうか。「どこが間違っているか」ではなく，何とか効果的に目標言語を使おうとしている，言語の創造的使用をもっと評価すべきです[15]。

さらに，日本の英語教育は，暗黙のうちに教室の共通語を英語と見なし，授業も英語のみで行うことが奨励されています。しかし，これは英語の授業では英語が唯一の使用言語であるべきという誤った解釈を誘導し，リンガ・フランカそしてコミュニケーションの本質を見失う危険性があります。こうした状況に対し，久保田（2015）は，越境コミュニケーション（border-crossing communication）を提案しています。英語がいつもリンガ・フランカとは限りませんが，そのような場合でもコミュニケーションをしようという意欲を持って，英語以外の知っている言語や非言語手段を用いてインタラクションするのが越境コミュニケーションです。この概念はマルチコンピテンス，トランスランゲージの考え方と共通します。

　以上を踏まえて，ひとりの生徒が持つ，雑多なバリエーションを含む言語能力を尊重し，教室でのインタラクション（教師と生徒，生徒と生徒）ではトランスランゲージを許容する姿勢も必要でしょう。その際，教員が教室での「教師」という役割だけでなく，「言語使用者」としても振る舞うことで，生徒に「英語学習者」というアイデンティティに加え，「言語使用者」としてのアイデンティティを芽生えさせることができると期待できます。この意味で，教室は越境コミュニケーションの実践の場であり，英語教育のゴールは自立した言語使用者の育成だと言えます。

■実践への応用

　本章では，さまざまな英語が存在することを論じました。その根底には言語の創造性があります。したがって，歴史の中でさまざまな要因（その時代の社会の動きや政策など）が英語に変化をもたらし，現代英語の姿に行きついたのです。この点を踏まえて，授業でも英語の歴史に関する学びの機会がもっとあるべきでしょう。大学生が英語，英語学習，英語の授業に対してどのような疑問を持っているのかを調査してみたところ，文法や語彙に関する疑問がいくつもあがりました。たとえば，「なぜ発音とスペリングが一致しないのか」「なぜ似たような意味をもった単語がいくつもあるのか」などです。実は，こうした疑問は英語の歴

15　ただし，これは文法指導の必要性と習熟度の測定を否定するものではありません。

史にその答えが隠されています。英語の歴史を知ることで，言語的な変化のみならず，英語が「国際共通語」となった背景も分かります。今，学習している英語は紆余曲折を経て変化した英語の変種です。英語が辿ったこれまでの歴史を知れば，英語学習がもっと楽しくなるはずです[16]。

（柴田美紀）

---

16 寺澤　盾『英語の歴史―過去から未来への物語』（中央公論新書，2008年）は英語の歴史を知るのにおすすめです。

<table>
<tr><td rowspan="2">第4章</td><td>アクセントと言語態度</td></tr>
<tr><td>——英語に対する偏見とその要因を考える</td></tr>
</table>

キーワード	□発話理解　　□アクセント　　□意味交渉 □言語的役割　□言語態度

概　略	・アクセントは言語的役割だけではなく，聞き手の言語態度を喚起する機能があることを解説します。 ・英語の母語話者か否かに関わらず，英語話者は誰もが特有のアクセントを持つ英語を話している実情に言及します。 ・アクセントと言語態度に焦点を当てた，日本人英語学習者を対象とした研究を紹介します。 ・外国語学習は社会の中で営まれる活動であるという視点から言語態度の形成に関わる要因を考察します。

【「靴」のアクセントが優劣を生む？】

　アメリカの大学院で日本語のティーチング・アシスタント（TA）をしていた時のエピソードです。90年代の始め頃，アメリカの大学では日本語学習が盛んで，私が在籍していた大学院でも，私を含めて日本人のTAが6名ほどいました。ある日，TAオフィスで日本人TA同士で話をしていました。その時，私が「靴を買う」と発話した際に，東京出身のTAが「柴田さんて東京出身じゃないね」とコメントしました。「靴のアクセントが違うから」という理由でした。このコメントで，私は「東京出身」「地方の出身」という線引きをされた気がして，居心地の悪い思いをしました。「東京出身＝標準日本語を話す」「地方の出身＝日本語がなまっている」というイメージが私の劣等感へとつながっていき，その後は発言を控え，終始聞き役に徹しました。この体験を通して，アクセントの相違が特定の言語態度と結びつき，さらに人物評価の基準にもなりうると実感しました。つまり，アクセントは純粋に話者の意図を伝える言語的役割を果たすだけでなく，人間の心理を映し出すこともある言語態度の指標としての役割を担っていると言えるでしょう。

1 発話理解へホップ・ステップ・ジャンプ

　コミュニケーションの本質は理解を共有することです。言語コミュニケーションでは，話者が伝えたいことを言語形式（語彙や文法規則）という記号（形式）に変換し，それを聞き手が解読し，最終的に話者の意図にたどり着くプロセスが繰り返されます[1]。聞き手の理解は，言語形式に暗号化された音の連続を意味単位に分けることから始まります。スミス（Larry Smith）は理解のプロセスを以下の 3 つに分類しました。

Intelligibility［音の理解］　　　：音の連続から語や文を認識する
Comprehensibility［意味の理解］：語や文を文字通りに解釈する
Interpretability［意図の理解］　：話者の意図を理解する

(Smith, 1982: 76)

　最初の intelligibility［音の理解］では，音の連続から語としての意味単位，さらに複数の語をひとつの文として認識します。たとえば，数珠つなぎになった音の連続 [aɪləvˈdɪnərwɪðəfrɛndəvmaɪnðɪsˈfraɪdi.] は個別の単位に区分され，それらの集合体が I'll have dinner with a friend of mine this Friday. という文として認識されます。次の comprehensibility［意味の理解］は，語あるいは文という言語形態と意味を結びつける段階ですが，ここでは文字通りの意味に変換されます。たとえば，先の I'll have dinner with a friend of mine this Friday. という発話は，話者の今週金曜日の行動（予定）を表しています。しかし，同一の語や文は文脈によって意味が変わるので，文脈に応じて話者の意図を推察しなければなりません。言語が社会生活においてコミュニケーションの道具として機能する所以です。これが，interpretability［意図の理解］の段階です。

　したがって，先の I'll have dinner with a friend of mine this Friday. にもいろいろな解釈が可能です。対話者に金曜日の予定を聞かれた時の返答，あまり好きではない相手からの誘いを断る理由，父親に車

1　コミュニケーションのプロセスについては，第 6 章で詳しく解説していますので，そちらを参照してください。

を貸してほしいという依頼の前置きかもしれません。

　上述のように意図の理解に至るには，音の連続（発話）を意味単位に分けるところから始まります。しかし，実際には発話者のアクセントによって，最初の段階で行き詰まることがしばしば起こります。

2　アクセントと「アクセント」

2.1　意味解釈に関わるアクセント

　英語の accent を辞書で調べてみると，たとえば『ジーニアス英和大辞典』（大修館書店）と『ランダムハウス英和大辞典』（小学館）には，最初に「アクセント，強勢」と記載されています。『新英和大辞典』（研究社）には 2 番目にカタカナの「アクセント」が記載されています。言語学の本で**アクセント**について調べると，次のような説明があります。

> 「橋」と「箸」という単語を比較してみると，分節音は同じ [haʃi] ですが，分節音に付随する「メロディー」が異なることに気がつきます。こうした語を区別する韻律的な要素のことをアクセントと呼びます。
>
> (郡司・西垣，2004: 52)

　単語や文は音の連鎖によって成り立っていますが，分節音とは，その 1 つ 1 つの音を指します。たとえば，めがねという単語は，[m][e][g][a][n][e] という 6 つの音，つまり分節音から成り立っています。分節音は子音と母音に分けられます。めがねの例では，[m][g][n] が子音，[e][a] が母音になります。

　日本語は高低アクセント（pitch accent）なので，「はし」は以下 3 通りの高低アクセントによって意味を区別することができます。

　　箸が「は￣し＿が」　　橋が「は＿し￣が＿」　　端が「は＿し￣が￣」

　一方，英語は強弱アクセント（stress accent）で，各語には第 1 強勢（に加えて場合によってさらに第 2 強勢）があります。第 1 強勢は単語の中で一番強く発音する部分，第 2 強勢がある場合は，その部分を（強勢のない部分よりは強いですが）第 1 強勢よりも弱く発音します。また，

第1強勢の位置によって同じ語彙の品詞を区別することもあります。たとえば，récord のように e に強勢が置かれると名詞，recórd のように o に強勢が置かれると動詞になります。また形態や意味の違いにも関わります。たとえば，bláckbòard のように第1強勢（´）が black，第2強勢（`）が board に置かれると黒板，第1強勢と第2強勢の位置が入れ替わって blàck bóard になると，黒い板を意味します。このように言語によってアクセント体系は異なります。しかし，アクセントは音韻的特徴を付すことで同音語の意味を区別するという共通した**言語的役割**を果たしています。よってアクセントが持つ言語的規範にしたがって発話や理解を行うことは，相互理解の前提だと言えます。

2.2　言語態度の指標を担う「アクセント」

　『ジーニアス英和大辞典』に accent の意味として「（ある個人・集団に特有の）発音；なまり」という説明があります。その例文として「中産階級独特の発音（a middle class accent）」「ひどいドイツ語なまりの英語をしゃべる（speak English with a broad German accent）」等が記載されています。

　L2 英語使用者の多くは，母語の音韻的特徴が転移した，アクセントがある英語（accented English）を話します。しかし，対話者の中にはそのような英語を「なまっている」と判断する人もいて，それがコミュニケーションへの関わり方（積極性，理解してあげようとする姿勢など）に影響を与えることがあります。概して，ネイティブの発音が，アクセントの有無（つまりなまっているか否か）とその程度を判断する基準となっています。ネイティブの発音に近ければ近いほど，「あの人の英語はアクセントがほとんどない」（つまり，なまっていない）と言われ，日本語の音声的特徴が強く出ている英語は「日本語なまりがある」と言われます。さらに，このようなコメントは話者に対するポジティブあるいはネガティブな態度と連動しています。つまり，アクセントに関するコメントは，間接的に話者に対する評価になっているのです。

　これはアクセントの持つ**言語態度**の指標という役割を示唆しています。言語態度とは，特定の言語やその話者あるいは集団に対して持つ態度を指し，ことばを使う私たちの内面にある心理的なものです。なまりということばを使うと分かりやすいかもしれません。なまりは私たちの情緒

面を刺激し，特定の言語態度を喚起します。これ以降，アクセントの持つ言語的役割と区別するため，言語態度の指標としてのアクセントを「**アクセント**」と表記することにします。

　みなさんは初対面の人と話すとき，「アクセント」，語彙，話し方からその人について何らかの判断をすることがありませんか。私たちは日常的に，「アクセント」からその人の出身を，また，使用する語彙からその人の世代や職業等を想像して，大まかな人物像を作り上げることがあります。しかし，そうした判断は必ずしも中立的な態度で行われるわけではなく，その判断が転じて人物評価へとつながる危険性が潜んでいます。こうした判断には聞き手が持つ言語態度が関わっています。もちろん言語態度は聞き手だけの問題ではなく，話し手自身も特定の言語態度を持っています。つまり，発話にも話し手の言語態度が反映されているのです。「アクセント」が引き金となる言語態度は，円滑な異文化間コミュニケーションを左右する大きな要因となります。

　独特の「アクセント」を有する英語は非英語母語話者の英語を指すことが一般的ですが，母語話者の英語にもあてはまります。母語話者の英語と言えば，日本ではイギリス英語，アメリカ英語と結びつけますが，いずれも母語話者英語とひとくくりにできるわけではありません。イギリス英語にも，伝統的に標準とされる容認発音 (Received Pronunciation, RP)，ロンドンの下町ことばと言われるコックニー (Cockney speech)，スコットランド英語 (Scottish English)，アイルランド英語 (Irish English) 等があり，いずれも独特のアクセントがある英語です。アメリカ英語にも地理的相違があり，中西部と南部を比べるとアクセントの相違は顕著です。また，人種・民族によっても違います。たとえば，メキシコ系アメリカ人の人びとは Chicano English を，アフリカ系アメリカ人の人びとは AAVE (African American Vernacular English) と呼ばれる英語を話します。こうした英語は一方で帰属意識の表れとも言えます。つまり，独特の「アクセント」を持つ英語を使うことは，他集団との区別を示す言語的手段なのです。同時にそれは，自分とは異なる「アクセント」の英語とそれを使う集団に対する態度を喚起する引き金にもなります (Coupland & Bishop, 2007; Luhman, 1990; Preston, 2013)。このように，英語母語話者の間でも「アクセント」の差異は言語態度の指標になっているという研究結果は，いかなる英語にも「アク

セント」があると示唆します。したがって，私たちが教材で慣れ親しんだアメリカ英語も，「アクセント」と無縁の英語ではありません。

3 「アクセント」から測定する言語態度

3.1 意味交渉を左右する言語態度

　アクセントは，音の連続を意味がある単位に切り分けて行く過程で重要な役割を果たすことは前述しました。この作業で，自分が知っている音の単位と一致する部分は意味単位として認識できますが，一致しない部分は聞きとりが困難になります。こういう場合は，コンテクストや一般知識を手掛かりに認識ができなかった箇所を補うことが可能です。しかし，認識できない箇所が多いと語や文の意味理解といった次の段階へ行けないので，相手に繰り返しを求める行動をとります。また，初めて聞く語彙やイディオムなら，その意味を尋ねたりします。こうしたプロセスを経ることで，最終的な段階 interpretability［意図の理解］へと進み，発話の理解が達成されます。一連のやりとりを通して不明瞭な箇所を明らかにしていくプロセスを**意味交渉**（meaning negotiation）と言いますが，この過程は言語的知識の有無だけで円滑に行くわけではありません。

　私たちは，無意識のうちに発話に伴う「アクセント」やそこに表れる語彙や表現，そして話し方から，発話者の立場やバックグラウンドを連想します。それによって相手との関わり方や心理的距離を決定し，適切なことば遣いを選んで，コミュニケーションを進めて行きます。そこには特定の言語態度も喚起されます。対話者がお互いの「アクセント」からどのような言語態度を喚起するかによって，コミュニケーションの在り方が変わると言っても過言ではありません。そこで，以下に「アクセント」と言語態度に関わる研究を概観しますが，先に研究手法について触れておきます。

3.2 言語態度の測定方法

　「アクセント」が言語態度と関わりがあることを検証するためには，言語態度という抽象的な概念を目に見える形で測定できなければなりません。最も一般的なのが，概念の言語化と数値化です。概念の言語化と

は，言語態度を異なる側面から捉え，それらを適切な文言で表現することです。言語態度の概念を言語化した評価項目は，相対する形容詞のペア（the semantic-differential scale）や文で提示されます。たとえば，McKenzie（2008b）では表 1 に表した形容詞のペアが用いられました（p. 69 の Table 1 を引用）。

表 1：McKenzie（2008b）の評価方法

pleasant	1 2 3 4 5 6 7	not pleasant
confident	1 2 3 4 5 6 7	not confident
unclear	1 2 3 4 5 6 7	clear
modest	1 2 3 4 5 6 7	not modest
not funny	1 2 3 4 5 6 7	funny
intelligent	1 2 3 4 5 6 7	not intelligent
not gentle	1 2 3 4 5 6 7	gentle
not fluent	1 2 3 4 5 6 7	fluent

表 2：Tokumoto & Shibata（2012）のアンケート項目

項目 1	この人はネイティブ・スピーカーである。
項目 2	この人は流暢である。
項目 3	この人の英語は分かりやすい。
項目 4	この人の英語はノンネイティブのアクセントがある。
項目 5	この人の英語は心地よく聞ける。
項目 6	この人の英語は不快なアクセントがある。
項目 7	彼女の発音は国際ビジネスで通用する。
項目 8	彼女の発音は英語教師に相応しい。
項目 9	彼女の発音は個人レベルでの文化間交流で通用する。
項目 10	彼女の発音が好きだ。

上の表は Tokumoto & Shibata（2012）で用いられた 10 項目です[2]。研究手順は，まず母語が異なる英語使用者のスピーチを録音します。そして，研究参加者はそれぞれの録音を聞いて英語を評価します。評価は

2　原文は英語ですが，柴田が日本語訳をしました。

数字の選択で行われます。McKenzie（2008b）の相対する形容詞のペアでは，参加者は1から7のうちひとつ選ぶように指示されました。たとえば，pleasant と not pleasant では，数字が小さいほうがより pleasant，数字が大きくなればより not pleasant と感じたことになります。Tokumoto & Shibata（2012）では，参加者は各項目に対して1から6までのうち，聞いた印象を表すのに最適な数字をひとつ選びました。これらの数字は，1＝全くそう思わない，2＝そう思わない，3＝どちらかと言えばそう思わない，4＝どちらかと言えばそう思う，5＝そう思う，6＝強くそう思うという解釈です[3]。その後項目毎に回答の平均値を計算し比較することで，異なる英語話者に対する言語態度を検証しました。

4　日本人大学生の言語態度に関する研究

　母語話者と非母語話者の英語「アクセント」については，これまで多くの研究がなされてきました。本節では，日本人英語学習者を対象とした，主な研究を紹介します。

4.1　母語話者「アクセント」と非母語話者「アクセント」が生む言語態度の相違——Chiba, Matsuura & Yamamoto の研究

　Chiba, Matsuura & Yamamoto の1995年の論文は，日本人大学生を対象とした初期の研究で，必ずと言ってよいほど引用されます。調査をするにあたり，まず，9名の人たちに同じ英語の文章を読んでもらい，録音しました。協力してもらった人は，アメリカ英語話者2名，イギリス英語話者1名，日本英語話者3名，スリランカ英語話者1名，香港英語話者1名，マレーシア英語話者1名です。そして，日本人大学生169名（97名が英語専攻，72名は国際ビジネス専攻）にこれらの英語を聞かせました。その際，個々の英語に対する印象を，10組の形容詞について1から7の数字を選んで回答してもらいました。続いて，話者の出身を，日本，アメリカ，イギリス，スリランカ，香港，マレーシアの中から選んでもらいました。

3　McKenzie（2008b），Tokumoto & Shibata（2012）の詳細は次節で解説します。

アンケート回答の平均点を比較すると，ネイティブ（イギリス人とアメリカ人），日本人，その他の非母語話者の順で肯定的な態度が下がっていました。イギリス人とアメリカ人2名の英語が上位3位を占め，日本人2名の英語が4位と5位に続き，香港，スリランカ，日本，マレーシアという結果でした。この結果は，英語の「アクセント」によって日本人大学生の言語態度が異なることを示しています。出身国の選択は非常に興味深い結果になりました。3名の日本人話者に対する正答率（出身を正しく日本と回答できた割合）は，以下に示すようにばらつきがありました[4]。

表3：日本英語話者3名の正答率

	正答率
日本英語話者A	81%
日本英語話者B	48%
日本英語話者C	53%

　正答率が一番低い日本英語話者Bに対する誤答を見ると，21%が香港，10%がマレーシアと回答し，さらに12%程度がイギリスもしくはアメリカと回答していました。他の2名については母語話者の国（つまりイギリスかアメリカ）の選択はほぼ皆無でした。さらに，この話者Bは日本人3名の中で最も好意的に受け止められ，母語話者らに続いて4位に順位付けされていました。論文の中では議論されていませんでしたが，おそらく日本英語話者Bの英語には顕著なジャパニーズ・イングリッシュの音韻的特徴がなく，一方で日本英語話者Aの「アクセント」は典型的なジャパニーズ・イングリッシュであった可能性があります。

　さらに，イギリス英語とアメリカ英語では，イギリス英語話者をアメリカ出身と判断した大学生は62%で，正しくイギリスと回答したのは36%でした。アメリカ英語話者2名の出身を正しく選択した学生はそれぞれ23%と32%で，誤ってイギリスを選択している学生が，それぞれ24%と38%いました。この結果は，日本人大学生が母語話者英

4　論文中では，9名の呼称に数字（Speaker 1, Speaker 2）が使われていますが，本節では国名とアルファベットを用います。

語と非母語話者英語は判断できるけれど，イギリス英語，アメリカ英語など母語話者英語間の違いが分かっていないことを示唆しています。

　Chiba らは話者の「アクセント」の程度について言及していませんが，同じアメリカ人，日本人話者についても大学生の回答に差が見られたことから，「アクセント」の表れ方によって判断が異なると予想できます。そこで，次に McKenzie の研究を 2 つ紹介します。

4. 2　「アクセント」の程度が生む言語態度の二面性
——McKenzie の 2 つの研究

　McKenzie は 2008 年の論文で，言語態度が異なる概念から構成されていると考え，母語話者と非母語話者の英語に対する日本人の言語態度を 2 つの側面から分析しています（McKenzie, 2008b）。日本人大学生558 名（学部生 513 名と大学院生 45 名）に，以下 6 種類の英語を聞いて，p. 56 表 1 に示した 8 組の形容詞について 1 から 7 のうち最も印象を表すのに相応しい数字をひとつ選んで評価してもらいました。

表 4：研究で用いた 6 つの英語変種

イギリス英語	グラスゴー標準英語
	グラスゴー方言の英語
アメリカ英語	南部アクセントのアメリカ英語（アラバマ州）
	中西部アクセントのアメリカ英語（オハイオ州）
日本英語	「アクセント」がある程度認められる日本英語
	「アクセント」が強い日本英語

　8 組の形容詞を統計的に分析し，能力（competence）と連帯感（solidarity）の 2 つの構成素に分けました。前者は intelligent, confident, fluent, clear，後者には gentle, pleasant, funny, modest が含まれています。平均点が高い順で見ると，能力は中西部アクセントのアメリカ英語，連帯感は「アクセント」が強い日本英語でした。一方，能力が最も低いと評価されたのは「アクセント」が強い日本英語，最も連帯意識を感じなかったのは中西部アクセントのアメリカ英語でした。

　McKenzie（2008a）では，上の調査で使った英語話者 6 名の出身を記述させました。その結果，半数の日本人大学生がアメリカ英語の話者

の出身をアメリカと回答していましたが[5]，グラスゴーの英語（イギリス英語）はいずれも正答率が 30% 程度でした。この結果は，日本人はアメリカ英語に慣れているけれど，イギリス英語はあまり聞き慣れていないと示唆しています。記述回答を母語話者と非母語話者に分類してみると，アメリカ英語は 83% 程度の学生が母語話者英語と判断していましたが，イギリス英語ではグラスゴー標準英語が 61% 程度，グラスゴー方言が 46% でした。とくに後者はイギリスではなく他のヨーロッパの地名を書く学生が多数いました。日本人の英語については，「アクセント」が強い日本人英語話者を 93% 程度の学生が非母語話者と判断しましたが，「アクセント」がゆるやかな場合，非母語話者と正しく判断したのは，54% ほどでした。

　McKenzie の研究から，連帯感において，「アクセント」が強い日本英語は参加した大学生が同じ「アクセント」を持つ英語使用者として親しみを持ち，共感していると考えられます。その一方で，「アクセント」が強い日本英語は権威に欠け，正しくないと回答していることから，能力の面ではマイナスと捉えています。さらに，大学生らは「分かりやすい」「慣れている」と同時に「流暢さに欠ける」「発音が正しくない」とコメントしていることから，日本英語学習者が「アクセント」から喚起する言語態度には二面性があると言えます。

　ここまで紹介した 3 つの研究は，母語が異なる英語話者の英語を日本人大学生がどのように捉えるかを検証したものですが，次のTokumoto & Shibata（2012）は日本と他国の大学生を対象に日本英語に対する言語態度を検証しました。

4.3　日本人英語に対する容認度
——Tokumoto & Shibata の研究（1）

　この研究には 4 か国から合計 270 名の大学生（韓国 46 名，マレーシア 28 名，日本 48 名，アメリカ 85 名）が参加し，日本人が話す英語が他

5　この研究に参加した大学生は，アラバマ州の南部訛りの英語もアメリカ英語として聞き分けていたのは驚きでした。McKenzie はこれをメディアの影響かもしれないと分析しています。ちょうどその頃ハリケーンカトリーナに関するニュースが頻繁にメディアで報道されていた時期であったことから，大学生らは南部訛りのアメリカ英語を聞いたことがあり，それが結果に反映された可能性を指摘しています。

の英語使用者にどのように受けとめられるかを調査しました。参加者は「アクセント」の程度が異なる日本人4名（いずれも女性）の英語を聞きながら，先の表2（p.56 参照）に示した項目についてスピーカー毎に評価しました。その結果，「アクセント」の程度と評価には関連性が認められました。国に関係なく，最も「アクセント」がアメリカ英語に近い話者Aは「ネイティブらしさ」（項目1），「流暢さ」（項目2），「分かりやすさ」（項目3）で高く評価され，「アクセント」が強いほど，評価が下がる傾向にありました。その一方で，「分かりやすさ」について，日本の大学生は，「アクセント」の程度に関わらずある程度分かりやすいと評価しました。これは，おそらく日本人が話す英語に慣れているからだろうと考えられます。

　「アクセント」の程度は，使用場面とも関連していました。国際ビジネスへの参加（項目7）や英語教員の資質（項目8）として最も相応しいと判断されたのは，やはり最もアメリカ英語の「アクセント」に近い話者Aでした。一方で，個人レベルでは4名のスピーカーにそれほど顕著な差はみられませんでした。つまり，国際ビジネスや英語教員には英語母語話者の「アクセント」が相応しいけれど，個人レベルでのコミュニケーションなら，「アクセント」はさほど問題視されないようです。

　グループ間の平均値を比較したところ，アメリカ人がアジア圏のグループに比べて日本人の英語に寛容であるという結果でした。アジア圏のグループでは，マレーシアの大学生が最も寛容な態度でしたが，韓国グループは最も否定的でした。Tokumoto ＆ Shibata (2012) は，こうしたグループ間の相違を社会における英語の多様性から議論しています。実は，アメリカでアンケートに参加した大学生は当初もっとたくさんいたのですが，「英語が母語でない」「アメリカ国籍でない」という理由で42名のデータは分析から除外されました。調査を行った大学はアメリカ西海岸に位置し，普段からさまざまな言語・文化的背景を持つ異なる人種が地域社会に住んでいる環境でした。この点でキャンパスや教室で異なる「アクセント」の英語を話すクラスメートや教員とのインタラクションを通し，独特の「アクセント」を有する英語に慣れていた可能性があります。

　また，マレーシアも多民族・多言語国家である点で，アメリカの事情に類似しています。中華系，インド系，マレー系の人たちが住み，マレ

一語が国家語として法制化され奨励されているとはいえ，中国語，インド語，マレー語が話されている社会事情が，マレーシアの大学生の日本人英語に対する寛容性に影響していることは十分考えられます。一方で，一般的な見解として，韓国と日本は単一民族・単一言語と見なされており，英語は外国語です。したがって，社会の中で日常的に多様な英語に触れる機会はほぼ皆無で，英語の授業で教材を通して触れる英語が唯一のインプットです。この研究結果は，日常的な言語接触が「アクセント」に対する認識に影響すると示唆します。

4.4　L2 英語使用者自身の「アクセント」容認度
——Tokumoto & Shibata の研究（2）

　2011 年に出されたこの論文は，L2 英語使用者自身の英語に対する評価に焦点を当てています。英語を母語としない，韓国 46 名，マレーシア 32 名，日本 50 名の大学生合計 128 名に自らの英語「アクセント」を評価してもらった結果を報告しています。アンケートは以下のような 12 項目から成り，自分の「アクセント」について回答してもらいました[6]。各項目は 1（全くそう思わない）から 6（とてもそう思う）のうち最適なものをひとつ選んで評価しました。

　　1) 英語の発音に自信がある。
　　2) 英語母語話者の「アクセント」で英語を話す。
　　3) 非英語母語話者の「アクセント」がある。
　　4) 自分自身の英語に満足している。
　　5)「アクセント」がある英語を話すことを躊躇する。
　　6) 英語母語話者は，「アクセント」がある私の英語を難なく理解できる。
　　7) 非英語母語話者は，「アクセント」がある私の英語を難なく理解できる。
　　8) 今の「アクセント」でよい。
　　9) 英語母語話者のような発音だと思われたい。
　　10) 私の発音は国際ビジネスで通用する。

6　アンケートの原文は英語ですが，柴田が日本語訳をしました。

11) 私の発音は英語教員として相応しい。

12) 私の発音は文化が異なる人との個人的なコミュニケーションで通用する。

　項目の平均点を比較すると，3か国の中でマレーシアの大学生が自らの英語に対して最も肯定的で，日本人大学生が最も低い評価をしていました。マレーシアの大学生は，自身の英語に対する自信，満足度が高く，国際ビジネスや英語教員としても相応しいと回答しました。一方，韓国や日本の大学生は母語話者の「アクセント」に対する願望が強く，これは自身の英語「アクセント」を変えたいという思いと連動するようです。Tokumoto & Shibata (2011) はこうした国における相違を先の研究と同様に，その国の歴史的社会的文化的背景から説明しています。

5　言語態度はこうして生まれる

5.1　社会と関わる外国語学習

　言語習得・学習は社会の中で営まれる活動と捉えることができます。人は生まれた日から周囲の人びとが社会の仲間として話しかけてくれ，次第に語りかけに対して言語的・非言語的に返答するようになります。このやりとりを通して，自分が生まれた社会に生きる人びとが築きあげてきた言語システム（アクセント，イディオム，辞書的意味，文法，語用）に倣って，その社会で的確とされるルール（たとえば尊敬語や謙譲語を使ったり，返答するタイミングなど）に従って言語使用をするようになって行きます。さらに，その過程で自分が帰属する社会で通用している，世界観，価値観なども獲得して行きます。こうした社会文化的背景は，出来事や事象の捉え方や解釈に影響を与え，言語表現を左右します。そして，社会文化的側面に伴って言語態度も構築されていきます。周囲の人びとが，特定の言語（あるいは方言）やその話者たちに対して示す態度や表現が言語態度の基盤です。この意味で，学習者が使う教材や教室での指導，そして言語イデオロギー（言語に対する社会通念）は，学習者の英語とその話者に対する言語態度の形成に深く関わっています。したがって，先行研究で報告されている，日本人の「ネイティブ英語が正しい」「日本人の英語は間違っている，あるいは通じない」といった態度

は，これらの外的要因がもたらしたと考えられます。

5.2 「ネイティブ」ありきの英語指南

　学識者の中には，日本人の英語が日本語の影響を受けるのは当然で，自らの英語に自信を持つべきだと主張する人びともいます。たとえば，鈴木孝夫は 1999 年に出版した『日本人はなぜ英語ができないか』（岩波新書）の中で，日本式英語の必要性を述べています。それから，20 年近く経っているにも関わらず，未だ社会や英語教育ではネイティブ英語に偏っています。こうした偏重につながる要因が，城座沙蘭の博士論文（2014）に報告されています。「日本英語」「日本人英語」「和製英語」「ジャパニーズ・イングリッシュ」「ジャパングリッシュ」「ジャングリッシュ」「ネイティブ」「ネイティブ・スピーカー」で検索し，1960 年代から 2007 年までに出版された，英語学習関連書籍 210 冊を分析した城座は，それらのタイトルから「日本人英語が間違っている」という前提が見えると述べています。そのうち 148 冊（69%）のタイトルに「ネイティブ」が使われていました。

　私も，1988 年に出版されたマーク・ピーターセンの『日本人の英語』，続いて 1990 年に出版された『続日本人の英語』（ともに岩波新書）を読みました。これらの書では，日本人が使うメイド・イン・ジャパンの英語の特徴が英語の構造的理論に基づいて解説されていました。執筆者のマーク・ピーターセンは「日本人の英語が間違っている」「ネイティブの英語が絶対」という主張をしているようには思いませんでした。しかし，2014 年に出版された彼の著書は『日本人の英語はなぜ間違うのか』というタイトルで，日本人の英語は間違っているという前提が如実に表れていました。一般書として巷にあふれる，数多の出版物のタイトルを目にすることは，「ネイティブ英語は正しくて，日本人の英語は間違っている」という二者択一的な価値判断を助長し，自らの英語に対する否定的な言語態度の構築につながると考えられます。

　検定教科書の音声教材もかなり影響力があるのではないでしょうか。Kawashima（2009）は 1999 年と 2006 年の検定教科書指導用 CD の吹込み者を比較しました。その結果，いずれにおいても 9 割がアメリカ人あるいはカナダ人による録音でした。英語が外国語である日本では，学校の英語の授業以外にほとんど英語に触れる機会はありません。

したがって，北米出身のネイティブが録音した教材のみを聞いていれば，自ずと彼らの発音が標準となり，それが「正しい」英語の唯一の判断基準になってしまう可能性は否めません。

【英語教育への提案】

■さまざまな英語のアクセントを認識

　鳥飼玖美子は『本物の英語力』（講談社現代新書，2016）で，自分の英語を対話者に分かってもらうためには，英語の発音（音の出し方）の基本を知り，それを守ることが必要だと述べています。ここで言う基本とは，英語音声学に基づいた「英語」の音韻規則を指し，あくまで学問上認められている，かつ理想化された規則です。これは，第1章で触れられていたお手本に当たります。さらに，母語話者の英語は（ある程度）この学問領域で検証，確立された音韻規則から逸脱しており，故にネイティブが話す英語にも独特の「アクセント」を伴った，複数の英語が存在するのです。教室で音声指導を行うに当たって，ネイティブの発音＝「英語」の音韻規則ではないと意識する必要があります。

　英語の発音について，平成29（2017）年7月の文部科学省の中学校指導要領解説外国語編（英語）には「現代の標準的な発音」を取り扱うように書かれています。解説には多様な英語についても触れられており，さらに，その多様性ゆえに，「特定の地域やグループの人々の発音に偏ったり，口語的過ぎたりしない，いわゆる標準的な発音を指導する」と書かれています。しかし，この書き方はふたつの誤解を招く可能性があります。ひとつは，「特定の地域やグループの人々の発音に偏ったり…しない」の部分です。標準英語自体が人為的な選択なのですから，言語的に中立な「標準英語」は存在しません。ネイティブに偏った音声教材のみに触れていれば，自ずと彼らの英語が標準だと誤解します。もうひとつは，「口語的過ぎたりしない」という表現です。文言の意図は理解できますが，そもそも私たちは社会的規範である語用の法則にしたがってことばを使っているわけですから，時には口語的過ぎる発音のほうが仲間うちで適切なこともあるのです。

　さらに，「多様な人々とのコミュニケーションが可能となる発音を身につけさせること」と書かれています。しかし，これまでにも議論した

ように，母語の音韻規則や音声的特徴からの転移を止めることはできません。したがって，耳からのインプットとして指導する発音と，生徒が発話する時の発音は同じにはならないと教員が明確に認識しておく必要があります。

■実践への応用

① Weinberger, Steven. (2015). The Speech Accent Archive (http://accent.gmu.edu). George Mason University

このサイトでは，さまざまな言語を母語とする人の英語が聞けます。参加者は以下の文章を読み上げています。

Please call Stella. Ask her to bring these things with her from the store: Six spoons of fresh snow peas, five thick slabs of blue cheese, and maybe a snack for her brother Bob. We also need a small plastic snake and a big toy frog for the kids. She can scoop these things into three red bags, and we will go meet her Wednesday at the train station.

言語で検索したり，地図の上で特定の場所をクリックしたりして，いろいろな「アクセント」の英語を聞くことができます。特にEnglishで検索すると，同じアメリカ英語の話者でも地域によって異なることがよく分かります。イギリスも同様です。

　現在でも英語母語話者，非母語話者を問わず幅広い人たちから音声データを収集しており，上述の文を読み上げて録音したものをサイトに送ることができます（ただし，提出したら必ずアーカイブに収録されるわけではありません）。

② International Dialects of English Archive (IDEA). https://www.dialectsarchive.com/

このプロジェクトはカンザス大学の名誉教授 Paul Meier 氏が1998年に立ち上げました。こちらもさまざまな英語を聞くことができ，ホームページの説明によれば，120の国と地域からおよそ1,500の音声データが収録されているそうです。検索の仕方はSpeech Accent Archive とほぼ同じです。そして，このサイトでも音声データの提供を奨励しています。

（柴田美紀）

<table>
<tr><td rowspan="3">第5章</td></tr>
</table>

第 5 章	英語の多様性と共通性 ——コーパスからみる WE と ELF

キーワード	□言語接触　　□語彙借用　　　　□辞書・辞典 □コーパス　　□ELF フォーム　　□歩み寄り □トランスランゲージ

概　略	・言語接触により，言語間で多くの単語，フレーズ，発想が行き来していることに言及します。 ・WE コーパスの研究にふれて，世界の英語の語彙やフレーズの多様性を紹介します。 ・ELF コーパスの研究にふれて，世界の英語使用者のやりとりの実態を紹介し，英語母語話者の規範を逸脱しても，コミュニケーションは円滑に進むことを示します。 ・これらの研究成果を，第二言語習得や英語教育の観点から，どのように応用できるか論じます。

【ことばの流通】

「エアコン付けてくれる？」
「オッケー。テレビのニュースみた？　今日，名古屋でコスプレ大会あったって」
「へぇー，世界で日本のアニメって人気らしいね」

　日常の 1 コマです。日本語には英語などの外国語の語彙やフレーズがたくさんあります。英語の単語を改変したいわゆる「和製英語」も多くあります。たとえば上の会話にみられる「テレビ」は "television"，「アニメ」は "animation" を日本語の音にして短くしたものです。また「エアコン」は "air conditioner"，「コスプレ」は "costume play" の 2 語を縮めて 1 語にしています。言語学の用語では前者のプロセスを clipping（単語の一部分を切り取る），後者を blending（2 つの単語を合わせて 1 語にする）といいます（Anesa, 2018）。

このように日本語における英語の影響は枚挙にいとまがありません。歴史的には「ジャパングリッシュ」(加島，1981) や "Japanese English" (Stanlaw，2005) として国内外で研究されてきました。言語と言語が接触すると互いにさまざまな影響があります。

では英語はどうでしょう。英語もさまざまな言語の影響を受けています。すでに見てきたように英語はアジア，オセアニア，アメリカ，アフリカ，ヨーロッパ等，世界各地に普及し，「国際語」と呼ばれるようになりました。カチュルが内円，外円，拡大円（第3章1節参照）と呼んだ英語を使用する国や地域の拡大，それに伴う英語使用者の増大を考えれば，英語とさまざまな言語との接触の様子は容易に想像できるでしょう。英語は**言語接触**による語やフレーズの借用，新語の創造が最も頻繁に行われている言語と言っても過言ではありません。

1928年生まれの長い歴史を持ち，かつ現存する最大規模の英語辞書の『オックスフォード英語辞典』(*Oxford English Dictionary: OED*) は，World Englishes のスタンスを明確に打ち出し，インド，フィリピン，ナイジェリアなど，世界各地の英単語を積極的に掲載しています。また2018年，日本では『新アジア英語辞典』（三修社）が出版されました。インド，フィリピン，シンガポール・マレーシア，中国生まれの「英語」の辞典です。現在では世界各地の英語変種の**コーパス**も利用可能です。コーパスとは「言語研究のためにデザインされ，そのデザインに基づき，バランスよく収集された電子データの集合体」（赤野，2014: 2-3）を指します。本章ではまず上述の言語リソースを活用して，世界，とくにアジアの英語の語彙の多様性を見てみましょう。

1　WE コーパス

World Englishes (WE) の考え方に基づき，いくつかのコーパスが編纂されてきました。ここでは代表的な WE コーパスである International Corpus of English (ICE) と Corpus of Global Web-based English (GloWbE) を紹介します。

1.1　International Corpus of English: ICE

International Corpus of English (ICE) は，1989年以降に内円

（英語を母語とする国や地域）と外円（英語を公用語として使用する国や地域）で用いられてきた話しことばと書きことばの言語データを約 100 万語収集したコーパスです。プロジェクト・リーダーであるネルソン（Cecil Nelson）によれば，27 の英語の地域変種を対象とし，利用可能な変種データは以下の 13 種類があります（Nelson, 2017）。

内円：アイルランド，アメリカ，イギリス，カナダ，
　　　ニュージーランド
外円：インド，シンガポール，スリランカ，フィリピン，
　　　香港，東アフリカ，ナイジェリア，ジャマイカ

　この ICE のデータを比較することにより，英語変種の共通点や相違点を実証的に調査することができるようになりました。現在も ICE プロジェクトは継続しています。ジブラルタルやプエルトリコの英語のデータ収集チームが新たに結成されたり，カナダのデータに音声ファイルが付与されたりしています。今後のさらなる展開が期待されます。

　ただし，この ICE は事業の開始時期が約 30 年前であることもあり，いくつかの課題を抱えています。まずコーパスのデザインが大変綿密なものであるため，作成に時間がかかります。とりわけさまざまな場面の話しことばの収集，文字起こし，音声と文字の確認は膨大な時間と労力を要します。その理由もあり，一部のデータ（アメリカ，スリランカ，ナイジェリア）は書きことばのみです。

　次にコーパス・サイズの問題があります。30 年前のプロジェクト開始時期，100 万語は電子コーパスの標準サイズでした。しかし，コンピューター技術の目覚ましい発展とともに，今では 1 億語（British National Corpus），10 億語（Corpus of Contemporary American English）と文字通り桁違いの大きさのコーパスが「スタンダード」になりつつあります。一般論として，小規模のコーパスである場合，よく使用される文法的な特徴を調べることは可能ですが，あまり用いられない語彙的な特徴の調査には向きません。分析に必要なケース数が確保できないためです。Loureiro-Porto (2017) は各変種で特有とされる語彙を調べたところ，ICE では 1 例も見られないものが多くあったことを報告しています。

また，ICE では英語のさらなる拡がりやインターネット時代の国際コミュニケーションが捉えられていません。近年の国際英語のコーパス研究者は，ICE コーパスの対象範囲を内円，外円だけでなく，日本，オランダ，フィンランドなどの拡大円（外国語として英語を学ぶ国や地域）にまで広げるべきと主張しています（藤原，2014; Edwards, 2017）。世界のさまざまな拡大円の国や地域において，実際には一定数以上の英語に堪能な「使用者」が存在していますが，彼らの英語はすべて「学習者」コーパスに所収されてきたためです。この点は後にも触れます。

　1990 年代以降にインターネットが急速に普及し，内円，外円，拡大円のいずれの地域でも，国境を越えたさまざまなコミュニケーションが日常的に行われるようになりました。インターネット環境さえあれば，世界中どこにいても，SNS でメッセージが交わされ，気軽にオンライン会議で話すこともできます。拡大円にあたるオランダで，ICE の仕様に準拠した Corpus of Dutch English を作成したエドワーズ（Alison Edwards）は，SNS のフェイスブックやオンライン・フォーラムのメッセージ，英語のブログを新しいジャンルとして加えました（Edwards, 2017）。ICE 統括のネルソンもこのインターネット時代において，コーパスの設計を改定する必要性にふれています（Nelson, 2017）。

　その 3 つの問題点を補うものとして，次節では 2013 年に公開された比較的新しいコーパスを紹介します。

1. 2　Corpus of Global Web-based English: GloWbE

　Corpus of Global Web-based English (GloWbE) は，内円と外円における 20 の国や地域から，19 億語収集した巨大な WE コーパスです。イギリス英語とアメリカ英語のデータが最大で，約 3 億 9 千万語に上ります。最小サイズのタンザニアでも 3 千 5 百万語程で，なんと ICE の 35 倍です。コーパス構築者のデイヴィス（Mark Davies）によれば，マルタ等，他の国や地域の追加アップデートも予定されています（Davies & Fuchs, 2015）。

　なぜこれほど巨大なコーパスが作成可能になったのでしょうか。データをウェブの言語のみに限定したからです。ウェブ上の言語を話しことばとするか書きことばとするかの判断は難しい問題ですが，厳密には書きことばです（正確にはタイプされたことばですが）。ICE との比較可能

性を考慮して（ICE は話しことば 6 割，書きことば 4 割），作成者のデイヴィスは話しことばにおけるインフォーマルさがみられるブログを 6 割，他は新聞，雑誌，会社のウェブサイト等を 4 割収集したと述べています[1]。

　コーパスは必ずしも大きければ良いわけではなく，設計はかなりざっくりしていますが，1）20 の英語変種が一度に比較できること，2）低頻度の語彙やコロケーションなどが調査できること，3）ウェブ上の言語使用を調べられることから，ICE と補完的に使用すると世界の英語の諸相を深く分析することができます（Loureiro-Porto, 2017）。また ICE の利用は，一部有償，かつ専用のソフトウェアが必要ですが，GloWbE は無料でウェブ上で利用可能であることが強みです。ここではこちらのコーパスを用いた結果をご紹介します。

1.3　WE コーパスにみる語彙の多様性

　近年，GloWbE を用いた語彙の多様性に関する研究がいくつか行われています（例：Davies & Fuchs, 2015; Loureiro-Porto, 2017; Anesa, 2018）。私も GloWbE を用いてさまざまな英語のユニークな語彙的特徴を紹介してきました（藤原, 2016, 2017a, 2018a）。ここでは，まず上の先行文献をもとにアジア生まれの英単語を解説します。次ページの表 1 はアジアで創造され，そこで使われている英単語の例です。これらの単語やフレーズを GloWbE で検索してみると，数は少ないものの[2]，実際の事例が確認できます。またその多くが *OED* や『新アジア英語辞典』に掲載されていることから，ある程度認知されていることが分かります。

　新語形成にはさまざまなプロセスがあります（詳細は Anesa, 2018）。一般的に知られているのは**語彙借用**で，直接借用（borrowing）と翻訳借用（loan translation）に分けられます。前者は第一言語から直接借りてくるもので，たとえば，中国語からの借用に "kiasu"（驚輸）

1　Loureiro-Porto（2017）は，ICE，GloWbE 等の比較検討の結果，ブログの比率は公表された数値よりも少ないこと，ウェブの英語は話しことばでも書きことばでもなくインターネット言語であると主張しています。

2　インターネット上ではだれが読むか分からないため，各地域特有の語の使用を控える傾向があると言われています（Loureiro-Porto, 2017）。

表 1：アジア生まれの英単語

インド	black money（不正所得），eve tease（公的セクハラ），lakh（10万），crore（1千万），chai-wallah（お茶係）
シンガポール	kiasu（負けず嫌い，欲張り），killer litter（高層ビルから外に捨てられるごみ），shiok（すごい）
マレーシア	alamak（あらまぁ，あらあら），hand phone（携帯電話），lah（〜よ，〜ね等の終助詞．例：OK lah）
フィリピン	comfort room（トイレ），condo（コンドミニアム），jeepney（乗り合いバス）
中国（香港）	guanxi（関係，コネ），iron rice bowl（終身雇用），wet market（生鮮市場）

や "guanxi"（関係）があります。後者は第一言語の意味を第二言語に翻訳するもので，"black belt"（黒帯）や "iron rice bowl"（鉄飯碗）が例として挙げられます。

　ここで考えさせられるのは，アジアにおける直接借用の可能性です。ある日，香港の友人が次のように言ったとしましょう。

　"I think I've found the best pairing for **char siu** I've ever had. I love wine, I love **char siu**, and to be able to enjoy the two together is just — BOOM! WAH! ... — beyond words".
（GloWbE より）

　さて，みなさんは "char siu" が何のことだか，すぐにお分かりになりましたか。答えはチャーシュー（焼豚・叉焼）です。"char siu" は

SECTION	ALL	US	CA	GB	IE	AU	NZ	IN	LK	PK	BD	SG	MY	PH	HK	ZA	NG	GH	KE	TZ	JM
FREQ	146	6	1	7	0	14	1	0	0	0	0	30	23	1	62	0	0	0	0	1	0
WORDS (M)	1900	386.8	134.8	387.6	101.0	148.2	81.4	96.4	46.6	51.4	39.5	43.0	41.6	43.2	40.5	45.4	42.6	38.8	41.1	35.2	39.6
PER MIL	0.08	0.02	0.01	0.02	0.00	0.09	0.01	0.00	0.00	0.00	0.00	0.70	0.55	0.02	1.53	0.00	0.00	0.00	0.00	0.03	0.00

図 1：各地の英語の char siu の使用例　　　　出典（図 1-3）：GloWbE

上から SECTION：国・地域（例：SG：シンガポール，MY：マレーシア，PH：フィリピン，HK：香港），FREQ：頻度，WORDS（M）：総語数（単位は 100 万），PER MIL：100万語あたりの頻度

2016年に *OED* に掲載されました。図1から，香港（HK），シンガポール（SG），マレーシア（MY）の中国系の英語使用者が直接借用してきたと思われます。日本人にとって "a kind of roast poak" や "barbecued marinated pork" よりも，"char siu" の方が容易に理解できます。

　また興味深いのはアジア圏で国境をまたいで共有される表現が多くみられることです。以下の図2を見てください。予想に過ぎませんが，頻度をみると，香港（HK）生まれの表現が中国語話者を介してシンガポール（SG），そしてマレーシア（MY），フィリピン（PH）へとことばが伝播していく様子が伺えます（藤原，2017a）。『新アジア英語辞典』（2018）の編纂者の本名と竹下は，人口移動により，特定の地域に限らず，アジアの広域で使用されるものも多いと述べています。世界の英語における語彙多様性を調査した Anesa（2018）が指摘するように，これからは国や地域ではなく，より広域のアプローチも求められるのかもしれません。

SECTION	ALL	US	CA	GB	IE	AU	NZ	IN	LK	PK	BD	SG	MY	PH	HK	ZA	NG	GH	KE	TZ	JM
FREQ	539	23	4	4	2	12	5	4	5	1	0	165	89	60	163	2	0	0	0	0	0
WORDS (M)	1900	386.8	134.8	387.6	101.0	148.2	81.4	96.4	46.6	51.4	39.5	43.0	41.6	43.2	40.5	45.4	42.6	38.8	41.1	35.2	39.6
PER MIL	0.28	0.06	0.03	0.01	0.02	0.08	0.06	0.04	0.11	0.02	0.00	3.84	2.14	1.39	4.03	0.04	0.00	0.00	0.00	0.00	0.00

図2：各地の英語の wet market の使用例

　本章のはじめに，言語接触によるエアコン，コスプレ，アニメなどの和製英語を紹介しましたが，これらは aircon, cosplay, anime として *OED* に掲載されており，一部の人びとには頻繁に使用されています。実は，同様の英単語が他の英語変種にも見られるのです。ここでは "aircon" を取り上げて，以下に解説します。

　エアコンの表記は "air conditioner" を縮める際に，air-con とハイフンを入れる場合と，一語に融合した aircon の2通りの表記があります。GloWbE の結果によれば，aircon (s) と air-con (s) の頻度の比率は3対2です。Anesa（2018）はハイフン有の形を採用し，clipping（単語の一部分を切り取る）の事例に含めていますが，ハイフン無

SECTION	ALL	US	CA	GB	IE	AU	NZ	IN	LK	PK	BD	SG	MY	PH	HK	ZA	NG	GH	KE	TZ	JM
FREQ	1506	35	28	228	80	246	35	41	39	2	31	294	145	153	74	40	2	5	5	21	2
WORDS (M)	1900	386.8	134.8	387.6	101.0	148.2	81.4	96.4	46.6	51.4	39.5	43.0	41.6	43.2	40.5	45.4	42.6	38.8	41.1	35.2	39.6
PER MIL	0.79	0.09	0.21	0.59	0.79	1.66	0.43	0.43	0.84	0.04	0.79	6.84	3.48	3.54	1.83	0.88	0.05	0.13	0.12	0.60	0.05

図3：各地の英語の aircon/air-con の使用例

の形が上回っていることから，blending（2つの単語を合わせて1語にする）が進んでいると言えます。各国・地域別の100万語あたりの頻度（per mil）は，図3のとおりです。シンガポール・マレーシアを中心に，フィリピン，香港，そしてオーストラリアで使用されていることが確認できます。この"aircon"の語源は定かではありませんが，日本の電機メーカーの東南アジア，オセアニアでの活躍と無関係ではないでしょう。

　すでに紹介した『新アジア英語辞典』（2018, p. 82）では，aircon の項目はシンガポール・マレーシアの章に以下のように書かれています。

● aircon（air-con, aircond, air-cond）
エアコン，エアコンがかかっている（状態）．［air-conditioner, air-conditioned より］▶ This house got three aricons.（この家には3つのエアコンがついてる）It's very hot today. Please open the air-con.（今日はすごく暑い．エアコンを入れてよ）His flat is fully aircond.（彼のアパートには全室にエアコンが入っている）…〈シンガポール・マレーシア・フィリピン〉

　言語学的に面白いのは形容詞の派生形を獲得していることです。aircond と air-cond の2語を検索すると比率は1対1，頻度はあまり多くなく，ほぼシンガポールとマレーシアのみで使用されています。"aircon"という名詞は，東南アジア，オセアニアの広域で使用されつつありますが，"aircond"という形容詞の派生形は狭域にとどまっています。aircon＋ed → aircond や kiasu＋ism → kiasuism のように新語に英語の語形成のルールが適用されて，さらに新語が生まれることは大変興味深いプロセスです。

1.4　国や地域を超える語彙の相互交流

　以上，代表的な WE コーパス（ICE，GloWbE）を紹介するとともに，その研究成果などにふれながら，世界の英語の語彙やフレーズの多様性を紹介しました[3]。世界各地で直接借用や翻訳借用などの語形成のプロセスを経て新たに生まれた英単語は，人口流動や国際コミュニケーションにより，その生まれた地域に留まることなく，広域で使用されるようになるものもあります。この現象を Anesa（2018）は語彙の"cross-fertilization"（相互交流）と呼んでいます。複数言語間の言語接触による英語の変容はとても興味深いものがあります。

　一方，WE のパラダイムにおいて，国・地域単位で言語を明確に区分することは，便利な面もありますが，限界もみえてきます。したがって，東南アジア，オセアニア，ヨーロッパなど，より大きな枠組みのアプローチも必要となるでしょう。

　また WE コーパスは，内円，外円における英語のみを妥当な英語として収集しています。第 3 章でもふれたように，伝統的な WE のパラダイムは，英語を母語とする内円（アメリカ，イギリスなど），また公用語とする外円（フィリピン，インドなど）の英語を正当なものと認める一方，外国語として学習する拡大円の英語は母語話者の規範に依拠すべき，という見解でした（Kachru，1985）。この考えを反映して，1989年より ICE の構築が開始されましたが，拡大円の英語は大学生などの英語学習者に限られ，International Corpus of Learner English（ICLE）などの学習者コーパスに所収されてきました。

　その WE が重視してきた，母語であるか，公用語として用いられているかという条件や，国・地域の境界線に捉われない ELF の考え方が近年，注目を浴びています。人口の流動性の高まりや情報通信技術の発達から，拡大円における英語使用は教室に留まりません（Seidlhofer，2009，2017；Edwards，2017）。次節では，国や地域を超えた ELF パラダイムによる拡大円における英語の「使用者」コーパスを見てみましょう。

3　この多様性はもちろん語彙だけでなく，形態素，統語，単語の意味，談話的側面にもみられます。興味のある方は Davis & Fuchs（2015）をご覧ください。

2 ELF コーパス

"English as a Lingua Franca" (ELF) の考え方に基づくコーパス
は，次の 2 点を特徴とします。

1) 内円，外円，拡大円の区分に関わらず，英語の第二言語話者を積極
   的に「使用者」と認める。
2) 各英語変種を国や地域に分けて収集するのではなく，英語使用者間
   のやりとりに焦点を当てて収集する。

ここでは代表的な ELF コーパスである The Vienna Oxford Corpus
of English (VOICE)，The Corpus of English as a Lingua Franca in
Academic Settings (ELFA)，The Asian Corpus of English (ACE)
を簡潔に紹介し，その研究成果について触れます。

2.1 The Vienna Oxford Corpus of English: VOICE

VOICE は主としてヨーロッパの英語使用者の話しことばのやりとり
を 100 万語収集したものです。ウィーン大学のサイドルホーファー
(Barbara Seidlhofer) がプロジェクトのリーダーでした (Seidlhofer,
2001, 2004, 2017)。収録内容は，インタビュー，記者会見，学術およ
び仕事の会議，国際イベントのワークショップ，日常会話など，トピッ
クは教育，余暇，ビジネスなど多岐に渡ります。2009 年よりウェブ上
で検索が可能です[4]。

2.2 The Corpus of English as a Lingua Franca in Academic
Settings: ELFA

ELFA も主としてヨーロッパの英語話者の話しことばを 100 万語収集
しています。VOICE との違いは，コーパス名にあるように，アカデミ
ックな英語に特化した点です。編纂者のマウラネン (Anna Mauranen)
はフィンランドのヘルシンキ大学の教授です。彼女はヨーロッパの高等
教育の英語化に着目して，本コーパスの着想に至りました (Mauranen,

---

4 VOICE はウェブサイト上で登録が必要です。

2003, 2006, 2012)。大学での講義，プレゼンテーション，セミナー，論文の口頭試問，学会などのモノローグやインタラクションが収集されており，収められている分野は人文社会系と自然科学系が約半々です。インターネット上で全テキスト・ファイルをダウンロードできます。

　また同プロジェクト・チームは 2015 年に，ELFA の書きことば版をリリースしています。公式ウェブサイトによれば，収集された英文の書き手の約 6 割はヨーロッパの研究者ですが，アジア，アフリカ，南アメリカなども含まれています。収集したものは未編集の研究論文，博士論文の評価リポート，リサーチ・ブログの 3 種類です。学術的分野の比率も話しことばと同様，人文社会系，自然科学系が約半分ずつです。こちらのコーパスも研究目的であれば無償で入手可能です。

2.3　The Asian Corpus of English: ACE

　ACE は VOICE のアジア版として構築されました。VOICE のコーパス・デザイン，データ収集方法，書き起こしルールをすべて引き継ぎ，主としてアジア（とくに ASEAN 諸国）の英語使用者の自然な話しことばのやりとりを 100 万語収集しました。2010 年，オーストラリアのグリフィス大学のカークパトリック（Andy Kirkpatrick）をリーダーとして編纂が開始され，2014 年よりウェブサイトで公開されています（Kirkpatrick, 2010, 2016）。

2.4　ELF コーパスにみる英語の共通性

　ELF コーパスは，言語の形式に焦点を当てるアプローチとコミュニケーションの意味のやりとりに焦点を当てるアプローチの 2 つから研究が行われています（Widdowson, 2019）。以下は VOICE からの抜粋です。対話場面は，オーストリアにある食品会社の会議でのやり取りです。対話者は K1 が韓国語母語話者，A1～3 はオーストリアのドイツ語母語話者で，A3 は女性，他は男性です。抜粋 1 は会議の中で韓国語に関する話題になったときの部分です。

抜粋 1

1　　A2: And〈咳払い〉it's a it's … Korean language is that close to any
　　　　　other language or…

2 K1： No. It is very unique.

3 A2： So it's completely er erm you don't understand any other … words, you don't have any other words in common with other languages.

4 K1： We have common in … WRITING.

5 A2： Mhm the Japanese have something …

6 K1： No no no no, there is a TOO… historically… historically… we are influenced by China.

7 A2： Aha.

8 A3： Mhm.

9 K1： *Okay*? … And we still use Chinese character …

10 A2： Uhu.

11 K1： In our language. … but the reading, er … the pronunciation reading

12 A2： Mhm

13 K1： The character is … different …

14 A2： Mhm

15 K1： Er Japan is the same. As, as us. they have their own language …

16 A2： Mhm

17 K1： But they STILL use **lot of Chinese character**

18 A2： Mhm

19 K1： *Okay* … **WE … have our Korean er language develop in …fifteen century**. … *Okay*

20 A3： Mhm.

注：元データではポーズ，オーバーラップ部分などの記号がありますが，読みやすさのために簡略化しています。太字，イタリックは筆者による強調です。

　以上のやりとりを一読すると，冠詞が抜けていたり（19: in fifteen century），複数形が落ちていたり（17: lot of Chinese character），文法的に必ずしも正しいといえない表現（19: We have our Korean language develop …）がいくつかみられます。しかしながら，韓国人とオーストリア人のグループはお互いに何の問題もなく意思疎通できていることは明白です。

初期の ELF 研究は，"**ELF フォーム** (form)"，言い換えると「頻繁かつ体系的に使用され，第一言語が異なる話者達に共有され，母語話者規範とは異なるがコミュニケーションを阻害しない言語形式」(Jenkins, 2006: 161) を調査していました (Jenkins, 2015)。その流れの中，サイドルホーファーは，VOICE のさまざまなやりとりを分析した結果，以下の特徴を ELF フォームとして提示しました (Seidlhofer, 2004)。

・三単現の s の省略
・不定・定冠詞の省略
・who／which の関係代名詞の交換
・動名詞／不定詞の交換（例："I look forward to see you."）
・「万能」(universal) な付加疑問の使用（"isn't it?"）

　これらの特徴は VOICE と ACE にも頻繁かつ体系的に観察されます。つまり，言語文化的背景に関わらず，L2 英語使用者はこうした言語形式を用いているわけです。ただし，母語話者規範からは「誤り」とされる形式です。第二言語習得研究においても ELF フォームは L2 英語学習者に共通して見られる誤りとして指摘されてきました。しかし，ELF コーパスは，こうした「誤り」がコミュニケーションを進めるうえで問題にならない「共通」する特徴であることを実証しています。

　次に C-approach，コミュニケーション上のやりとりの様子に焦点を当ててみましょう。英語の L2 英語使用者は，意思疎通を図るために，「どのようなストラテジーを用いているか」，また「どのように歩み寄りをしているか」，そして「英語以外の他の言語リソースをどう活用しているか」を分析するうえで，ELF コーパスは大変有益です。次の抜粋は先に提示した会話の続きです。

抜粋 2

1　K1：And er … our language is very … phonetically very scientific.
2　A2：**Mhm**.
3　K1：*Okay* …, for instance … … how do you pronounce… McDonald.
4　A3：McDonald.
5　A2：The family or what

6　A1： McDonald.

7　K1： The er h- h- how do you how do you pron …

8　A2： McDonald？

9　K1： McDonald. … American they pronounce McDonald.

10　A3： **Yeah okay**.

11　K1： *Okay* … in Korean **we can WRITE McDonald**. As it is. Almost sounds … similar

12　A2： **Mhm** …

13　K1： Japanese language cannot … express that er … the pronunciation

14　A2： **Mhm** …

15　K1： You know how they… write it and read "*makudonaldu.*"

16　A2： **Hm** …

17　A1： 〈笑い〉

18　A2： Sounds Spanish.

19　A1： 〈笑い〉

20　K2： "*Makudonaldu.*"

21　K1： "*Makudonaldu.*"

22　A2： *Ach so*？

　抜粋1，抜粋2を通して，この韓国人の英語使用者（K1）は，音声的な強調を利用したり（in Korean, we can WRITE McDonald），"okay" または "okay？" を頻繁に用いて相手の理解度を確認したりしています。一方，聞き手に回っているオーストリア人の英語話者（A2, A3）は，K1の発話ごとに "mhm" と述べることで理解していることを伝え，"yeah okay" という相手（ここでは韓国人）がよく使用する理解確認の表現も自らの返答に取り入れています。これらのやりとりはコミュニケーションが**歩み寄り**で達成されることを示すものです。

　また，ELF コミュニケーションは英語だけでやりとりされるイメージですが，実際には対話者の第一言語も使用されることがあります。とくにこの会話のように，韓国人2名，オーストリア人3名の場合，そのメッセージの聞き手により，コードスイッチングは頻繁に行われます。抜粋2のA2は最後にドイツ語で "Ach so（＝really）？" と述べますが，この発話は韓国人グループに向けたものではなく，オーストリア人

グループ，ないしは自分自身に向けた発話と考えられます。"English as a lingua franca" という分野名から考えると意外に思われるかもしれませんが，この他言語と英語の**トランスランゲージ**（第 3 章 4 節参照）は ELF の研究で，今後の発展が待たれる領域です（Jenkins, 2015）。

2.5　ELF コーパス研究の功績と課題

　本節では 1）内円，外円，拡大円の区分に関わらず，英語の第二言語話者を積極的に「使用者」と認め，2）さまざまな英語使用者間のやりとりを収集してきた ELF コーパスを概観してきました。その ELF コーパスの研究により，世界の英語使用者はいわゆる「英語ネイティブ」の規範に執着せずに，コミュニケーションを成立させていることが分かりました。また彼らは対話中にさまざまなコミュニケーション・ストラテジーを用いて歩み寄りを行い，英語，非言語，また時に多言語のリソースを用いて意思疎通を行うことが実証可能になりました。WE コーパスは英語変種の「国内語」のコーパスでしたが，ELF コーパスは英語変種間のインタラクションをみる「国際語」のコーパスと言えます。

　もちろん ELF コーパスにも課題はあります。まず ELF コーパスの研究は，前述のように話者を積極的に L2 英語使用者と認めますので，研究参加者の英語能力や学習歴などを一切記録していません。それゆえ，読者のみなさんも疑問に思われたかもしれませんが，言語の「学習者」か「使用者」かについて多くの議論があります（Prodromou, 2008, 藤原，2014）。

　また L2 英語使用者の言語能力などの背景情報のデータだけでなく，英語使用状況もさまざまであるため，各コーパス，また各データの比較は大変困難です。そのため，量的な比較ではなく，1 つ 1 つの状況を質的に分析することになります。つまり一般化可能な研究結果を提示するのは難しいと言えます。

　最後にいわゆる「観察者のパラドックス」を考慮しなければなりません。ELF コーパスは，多くの場合，研究者がデータを録音する際に同席しています。その観察者，また録音という行為自体が会話自体に影響を与えることを考慮する必要があります。このような課題はありますが，ELF のやりとりを大規模なデータとしてシェアし，世界各地で直接分析できるようになったことは大きな功績です。

■英語の多様性・共通性を踏まえた授業を行うために

これまでの内容を踏まえて，次の３つを提案したいと思います[5]。

1. 英米語だけでなく世界の英語の単語やフレーズの意味を，十分なコンテクストを与えたうえで推測させる練習を行う。
2. 日本語や和製英語の使用を禁止するのではなく，使用した後に簡単な英語で言い換える練習を行う。
3. コミュニケーションを促す言語活動では，ELF フォームの誤りは気にせず，やりとりを続けるよう指導する。

1と2は WE のスタンスに立てば，自ずと求められる内容です。世界の英語使用者は実にさまざまな語彙やフレーズを用います。翻訳借用を伴う比喩表現も多く見受けられます［例：That government is a paper tiger.（張り子の虎）］。しかし，世界中すべての表現を覚えることは不可能です。そこで，異なる英語変種で用いられる表現を紹介し，それらの意味を推測する言語活動が一案でしょう。国，地域，文化は異なっていても，私たちは事象を言語化する認知活動を共有しています。未知のことばの推測力は，英語変種や英語力に関わらず ELF コミュニケーションで役に立つはずです。

WE コーパスで確認したように，世界の話者はさまざまな表現を用いていますが，その中には英語として認知されているものも散見されます。その現状に鑑み，日本語や和製英語の使用を禁止するのではなく，使用した後に言い換えるよう指導するのも一案です。十分なコンテクストを踏まえれば，日本語（Oshogatsu），和製英語（jet coaster, gasoline stand），日本的な表現（hear from the wind that ..., Tonight is curry and rice.）は世界のさまざまな国・地域の人たちに十分に通じる可能性を示した研究もあります（Aoyama & Fujiwara, 2016）。コンテクストを踏まえたうえで，言い換えることができれば，まず問題なく意思疎通を図ることができるでしょう。相手の使用する未知の単語を推測す

---

5 藤原（2020b）には同提案に基づく指導例を挙げています。そちらもご覧ください。

る，自分の使用する独自の単語を説明するスキルは，さまざまな言語文化的背景の相手と対話をする「グローバル時代」に必須です。

　最後に3は本書全体を通じて示すべき示唆かもしれません。ELF 研究を牽引する Seidlhofer（2017）は ELF コーパスの研究成果をふまえて，英語教育の志向に転換が必要であるという見解を示しています。彼女が過去に示した ELF フォーム（三単現の s や冠詞の省略，関係代名詞の交換的使用等）は，英語教育関係者からすると，直ちに訂正すべき「誤り」と思われるかもしれません。しかし，おそらく世界の英語による国際コミュニケーションの大半は，ELF コーパスで示される水準で行われています。ACE には台湾人とタイ人の大学教授が英語でやりとりするデータがありますが，ELF フォームが頻繁かつ体系的に見られます。ネイティブを目指して指導してきた人たちには，この事実は「不都合」かもしれませんが，英語教育関係者は直視すべきことです。

　また Seidlhofer（2004）が示した ELF フォームは第二言語習得において，大変時間のかかる項目が多く，かつ誤り訂正の効果もすぐに表れるものではありません。これからの英語教育が4技能をバランスよく伸ばしていく指導を更に展開していくのであれば，正確さのみに固執することは無理があります。ELF の観点から意思疎通を妨げる可能性の低い言語項目の誤りはリキャスト（間違いをさりげなく正しい形にして返答すること）による訂正に留めることが賢明でしょう。

■実践への応用

　コーパスは言語研究のために作成されたものですが，英語教育に活用することもできます。コーパスの基本的な使い方は『英語教師のためのコーパス活用ガイド』（大修館書店，2014）をご覧ください。ここでは GloWbE を用いた教育への活用例を2つご紹介します。

　たとえば教科書に出てくるアメリカ英語（例：cell phone）やイギリス英語（例：mobile phone）の表現を検索し，カナダ，ニュージーランドなどの内円の国がどちらの表現を用いているか，また世界的にはどちらの表現のシェアが高いかを調べてみるのも一案です。それに関連して，ある国・地域特有の表現（例：マレーシア特有の"hand phone"）に焦点を当てることでことばの多様性について理解を深めることが期待できます。

また GloWbE を使用して，自分が使用した英語の「誤り」（例：fur-nitureS）がどの程度，国際的に使用されるのかを調べるのも面白いでしょう。文法形式に焦点を当てた授業では避けるべき活動ですが，授業の目的が形式に限られていなければ役立つ知識かもしれません。

〈各コーパスの URL〉
● ICE
　http://ice-corpora.net/ice/
● GloWbE
　https://www.english-corpora.org/glowbe/
● VOICE
　https://www.univie.ac.at/voice/page/index.php
● ELFA
　https://www.helsinki.fi/en/researchgroups/english-as-a-lingua-franca-in-academic-settings
● WELFA
　https://www.helsinki.fi/en/researchgroups/english-as-a-lingua-franca-in-academic-settings/research/wrelfa-corpus
● ACE
　http://corpus.ied.edu.hk/ace/index.html

（藤原康弘）

<table>
<tr><td>第6章</td><td>分からないからこそ対話力
――「円滑なコミュニケーション」の前提を問う</td></tr>
</table>

<table>
<tr><td>キーワード</td><td>□メタメッセージ　　□相互理解　　□意味交渉
□言語能力　　　　　□コミュニケーション能力
□対話力　　　　　　□私の英語（My English）</td></tr>
</table>

<table>
<tr><td>概　略</td><td>・コミュニケーションの流れに関わる非言語的部分について解説します。
・「（英語）コミュニケーション」「相互理解」とは何なのか，無意識に使っている用語の本質を考えてみます。
・英語が担う国際共通語としての役割を考慮しながら，対話力について論じます。</td></tr>
</table>

【対話のないコミュニケーション】

　教室で行う言語活動のひとつにペア・ワークがあります。次に示す，12歳の学習者2人が5分程度英語で行った会話を読んでみてください。(Legenhausen, 1999 から引用)。

S：Ehm, how old is your father?

I：My father is forty years old. And how old is your father?

S：Fifteen years old. How old is your mother?

I：My mother is thirty-nine years old.

S：How old are you?

I：I'm twelve. How old are you?

S：I'm eleven. What are your foreign languages?

I：My foreign languages are *Sport, Textil*. What are your foreign languages?

S：My foreign languages are *Biologie, Textil* and German.

I：Ehm.

S：Oh, ah how ah how *ne*, what is the name of your father?

Ｉ：The name of my father is Felix. And what is the name of your father?

Ｓ：Ehm, the name of my father is ah Bernd, ah.

Ｉ：What's the name of your mother?

Ｓ：Ehm, ah, my mother's name is Maria. And your mother's name?

　２人は相互に英語で質問と回答を繰り返し，会話を進めていますが，一貫性に欠け，全体としてとても不自然です。たとえば，年齢を回答した後，外国語について質問し，その回答に続いて父親の名前について聞いています。こうしたまとまりのない会話を生んでしまった原因はどこにあるのでしょうか。

1　コミュニケーションは流れ作業?!

　次の図は Jackson（2014: 76）から引用した，コミュニケーションのプロセスです。

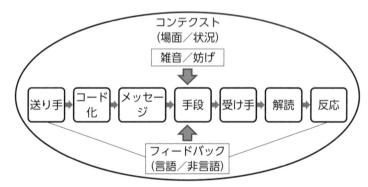

図 1：コミュニケーションの流れ

　送り手は頭の中で考えている，伝えたいことを相手に伝わるように，まず言語という符号を用いて（コード化），具体的なメッセージにします。そして，そのメッセージを音声あるいは文字で伝えます（手段）。受け手は言語知識を使って言語コードを解読し，メッセージを理解します。そのメッセージにことば（言語フィードバック）あるいはしぐさ（頷

く，顔をしかめる，首を傾けるなどの非言語フィードバック）などで反応を送り手に示します。原則，この一連の流れで対話者はメッセージの送り手になったり受け手になったりしてコミュニケーションが進んでいきます。

　一見，単純な流れ作業のようですが，実際にはあらゆる障害が伝達を阻むことが多々あります。たとえば，周りがうるさくてよく聞きとれない，疲れていて体調が優れない，耳が遠い等の物理的・生理的な理由が考えられます。外国語学習者であれば語彙や文法知識の不足，あるいは独特のアクセントが妨げになることもあります。また，共通語として英語を使用していても，言語的・文化的背景の相違がコミュニケーションを妨げるかもしれません。

　私たちは日々のやりとりを通して，自分が属している社会（言語コミュニティ）に適応できるよう，言語と文化を身につけていきます（Jackson, 2014）。同時にコミュニティに帰属する人びととコミュニケーションが図れるように，適切なスタイルも身につけていきます。この意味で，コミュニケーションとはコミュニティで共存するための術と言えます。コミュニティでは社会文化的概念（信条，価値観，世界観，伝統，社会規範等）に基づいて言語的・非言語的手段でやりとりが行われます。コミュニティとしての社会的単位はさまざまで，たとえば家族，学校，部活動，職場，地域などです。そして，個々のコミュニティで社会文化的概念が異なるので，「家族」という同じ単位でも隣の家族と言語的・非言語的手段を共有しているとは限りません。また，日本というコミュニティに属し，日本語を共有していても，社会文化的背景を共有していないと，同じ事柄でも尺度（価値観や規範等）の相違から，メッセージの解釈が送り手と受け手で異なるかもしれません。

2　ことばだけではないコミュニケーション

2.1　ことばが伝えないメッセージを読む

　第4章で触れましたが，スミスによれば私たちは音の理解→意味の理解→意図の理解という3つの段階をへて，相手の発話を理解しています（次ページ図2）。

　ただし，ことばだけがメッセージを伝えるわけではありません。同じ

Intellibigility（音の理解）：　連続する音を意味単位に聞き分ける

Comprehensibility（意味の理解）：　文の文字通りの意味をとる

Interpretability（意図の理解）：　文に込められた話者の意図をくみ取る

図2：スミスによる理解のプロセス

発話でも声の大きさや視線の位置等によって，ことばで表現されていないさまざまな情報（メタメッセージ）が伝わります。たとえば，聞き手が沈黙していると，話に興味を持っていない，機嫌が悪いなどを予測し，話を続けることを躊躇することがあります。また，声の調子から相手が怒っていることや相手の気分を推し量ったりしますが，これは声色がメタメッセージの手がかりになっているからです。この点で電子メールやSNSの類は声色が伴わないゆえに，相手の意図を誤解する確率が高くなるのかもしれません。

2.2　なぜ話が弾まない？——コミュニケーション・スタイルの相違

　コミュニケーション・スタイルも**メタメッセージ**を伝えます。とくに言語的・文化的背景が異なる人同士の場合，スタイルの相違が相手に不快感を与えたり，コミュニケーションを妨げたりする可能性があります。重光（2005）は日本人とアメリカ人が居心地が悪いと思う会話のスタイルを比較しました。両者から成るグループに英語で会話をしても

表1：日本人とアメリカ人の会話スタイルの比較

アメリカ人から見て日本人は，	日本人から見てアメリカ人は，
a.　聞き役になる。	a.　矢継ぎ早に質問して，こちらの発話を遮る。
b.　分からなくても質問をしない。	
c.　意見の対立を回避する。	b.　理解できるまで質問する。
d.　文の最後まで言い切らない。	c.　はっきり意見を述べる。
e.　上下関係を重視する。	d.　頻繁に話題を変える。
	e.　参加者はみな対等な立場である。

らい，続いて個別にインタビューをしました[1]。表 1 は論文の中で報告されている結果をまとめたものです。日本人とアメリカ人はそれぞれが慣れ親しんだコミュニケーション・スタイルで会話に参加しており，その相違が双方の居心地悪さにつながったようです[2]。

さらに，2015 年の論文で重光は英語母語話者と日本人の会話に対する意識・態度の相違について報告しています。「30 分の初対面会話」とその後のインタビュー（5 分程度）に参加した，英語母語話者と日本人（全員男性）の中から，イギリス，アメリカ，オーストラリアの 53 名と日本人 39 名のインタビュー結果を分析しました。満足感の得られる会話について，母語話者は「自分の意見を持った人との知的な会話」，また「さまざまな話題で話せる会話」を挙げましたが，日本人からは具体的な回答はありませんでした。苦手な会話については，母語話者は共通して「沈黙のある会話」を挙げていました。一方，日本人は「質問してくる人」「感情的な人」「自分の話したことに対して『でも…』と反論する人」「自分の意見に対して意見を言ったりする人」と会話するのが苦手と回答していました。

このように言語的・文化的背景が異なるとコミュニケーション・スタイルが異なり，その根底にはコミュニケーションに対する認識・解釈の相違があります。表面的には英語という言語コードを共有しているようですが，実際の運用は一様ではないので，相手のメタメッセージを見逃したり誤解したりするかもしれません。つまり，共通語としての英語が必ずしも容易に相互理解をもたらすわけではないのです。したがって，コミュニケーションの解釈やスタイルは一様でないという前提がなければ，相手に違和感や不快感を覚え，結果，コミュニケーションの流れが滞ってしまう危険性があります。

1　アメリカ人と日本人各 3 名が参加し，アメリカ人 1 名と日本人 1 名を A グループ，他 2 名ずつを B グループとしました。各グループに英語で 30 分間「異文化体験」について会話をしてもらい，その後 15 分のフォローアップインタビューで会話の感想を聞きました。

2　あくまで，重光（2005）の研究に参加したアメリカ人と日本人の捉え方であり，すべてのアメリカ人とすべての日本人にあてはまるわけではありません。

3 助け合いで進むコミュニケーション

3.1 「そんなつもりじゃなかったのに…」

　さまざまな理由でコミュニケーションの流れが中断することは日常茶飯事ですし，同じ言語を使っていても誤解が生じます。このような場合，私たちは繰り返しや言い換えを依頼したり，相手の意図を適切に理解しているかを確認したりしてコミュニケーションを修復しようとします。つまり，中断を修復する過程も含めてコミュニケーションです。さらには，私たちは分かりあえないからこそコミュニケーションをすると言っても過言ではないでしょう（平田，2012；ガーゲン・ガーゲン，2018）。

　スミスのモデルによれば，音声や文法を手掛かりに発話を解読したら，次に話し手の意図を理解する必要があります。この際，発話されたコンテクストが重要な役割を果します。同じ文を用いてもコンテクストによって話し手の意図は異なります。たとえば，以下の発話はどのような意図があるのでしょうか。

(1) A: There is a piece of pizza left.

　単純な英文ですが，複数のシナリオが考えられます。たとえば，以下のような解釈が可能です。

(2) その場にいる他者にピザの最後の一切れを食べるように勧めている。
(3) 最後の一切れは私が食べるという意思表示をしている。

　私たちは発話の状況を考慮して，適切に話し手の意図を理解（推測）しようとします。しかし，発話の状況から明確な解釈ができないこともあります。そんな時は一瞬沈黙になるかもしれません。あるいは，誰かが発話者に「どういうこと？」と直接質問するかもしれません。
　Ａの発話を聞いた人たちがＡの意図を的確に理解してくれれば問題はありませんが，発話者の意図と予測が食い違うことも考えられます。たとえば，

(4) [A は自分が食べるつもりでいたのに，B は A が最後の一切れを勧めていると解釈した]

　　A: There is a piece of pizza left.

　　B: OK, I will take it.

　　A: Oh, I thought everyone's too full to eat it. So, I was going to take it.

　　B: I didn't know that. Go ahead, then.

(5) [A は最後の一切れを勧めていたが，B は A が食べたいと解釈した]

　　A: There is a piece of pizza left.

　　B: Go ahead.

　　A: No, I'm too full. Someone should take it.

　　B: I thought you wanted to finish it.

　（4）は話し手の意図は「私が食べる」でしたが，聞き手は「食べていいよ」と受け取った場合で，（5）はその逆です。

3.2　コミュニケーションは意味交渉

　上述のように話し手の意図と聞き手の解釈が一致しないことがあり，誤解の修復も含め，対話者は常に**意味交渉**を通して，コミュニケーションを進めていきます。つまり，コミュニケーションとはお互いに相手が言わんとしていることを明確にしていく協働作業と言えるでしょう。

　本章の導入部分にある初級学習者の会話が不自然なのは，意味交渉が行われていないことに起因します。学習した疑問文と学習した文型のパターンを繰り返し，聞き手は話し手の質問を即座に認識し，問われたことに学習した文型を使って答えています。それに続く発話はその回答に対して何ら関係がない質問で，トピックが突然変わっています。2人の会話では，言語活動があくまで学習言語を用いたコミュニケーションの疑似体験であり，学習した表現や構文の実演に終始しています。英語の授業で実践するコミュニケーション活動のねらいが，学習目標の文法項目や文型の定着に留まっていると，こうした紋切型の質問—回答の連続に陥る危険性があります[3]。そこで，次にコミュニケーションの究極のゴールと言われる相互理解について考えます。

4 対話がもたらす相互理解

4.1 分かろうとする態度が進めるコミュニケーション

　相互理解ということばは，その中身についてあまり議論されることがなく，当たり前のように使われています。文字通り相互理解とはお互いがお互いを理解することですが，どのような状況を相互理解ができたと言うのでしょうか。

　母語が異なる2人が英語でコミュニケーションする場面で，相互理解が成立しない状況を挙げてみます。たとえば，

- (a) 一方あるいは両者の英語力が乏しい。
- (b) 相手が話す英語のアクセントに慣れておらず，聞き取りが困難である。
- (c) 相手の発話に出て来るイディオムの意味が分からない。
- (d) 文化的相違から相手がこちらの意図を取り違える。
- (e) 相手の国，言語，文化等に対してネガティブな固定観念を持っている。
- (f) 相手の発話を理解しようと努力しない（意味交渉をする気がない）。

　(a) から (d) は言語的・文化的相違から生じる物理的問題ですが，(e) と (f) は偏見とそれが引き起こす行動の問題です。前者の問題がコミュニケーションの妨げになることは先行研究でも報告されていますが，繰り返しや言い換えの依頼，理解の確認などのやりとりを通して解決されることがほとんどです (Knapp & Meierkord, 2002)。一方で，(e) のように個人の信条，意識，態度はその場でのやりとりでは解決できません。ネガティブな情緒は相手の意図を理解しようという積極性の欠如 (f) を引き起こします。つまり，対話者の心理的状態が意味交渉の有無を決定します。分かりあおうという気持ちがなければ意味交渉が欠落し，コミュニケーションは成立しません。

　このように相互理解には言語的・文化的側面と心理的側面が関わっています。共通語として英語を使えば自ずと相互理解が生まれるのではな

3　仲（2017b）も同様の指摘をしています。

く，参加者が積極的に他者と関わろうという姿勢で，他者の意見を尊重しながら協働で進めていく中で相互理解が認識されます。コミュニケーションとは「相手のことが分からない」から始まり，「分かりあおう」とする態度で進むプロセスと言えます。

4.2 「会話」と「対話」の違い
　劇作家・演出家の平田オリザは戯曲を書くときのポイントは「会話」と「対話」を区別することだと述べています。英語では conversation と dialogue は異なる概念であるけれど，日本語ではそれに対応する「会話」と「対話」の区別が曖昧だと指摘しています。そして，平田は，これらのことばを以下のように定義しています。

> 会話＝価値観や生活習慣なども近い親しい者同士のおしゃべり。
> 対話＝あまり親しくない人同士の価値観や情報の交換。あるいは親しい人同士でも，価値観が異なるときに起こるその摺りあわせなど。
> (平田，2012: 95-96)

　大多数が単一民族であり，単一言語を用いる日本では，価値観や生活習慣を共有している人同士がことばですべてを伝えなくても分かりあえると言われています。したがって，意味交渉を前提に進めていく「対話」は日本人にとって慣れないスタイルなのです。しかし，言語的・文化的背景が異なる人同士であれば，意味交渉を必要とする対話が求められます。鳥飼玖美子も著書『国際共通語としての英語』（講談社現代新書，2011）の中で「対話」ということばを用いています。対話とはキャッチボールのようなもので，投げられたら投げ返すのが基本です。相手の発話に反応するだけでは，発信型の対話ではなく「ボウリング型会話」だと述べています。この意味で国際語としての英語によるコミュニケーションは，英会話ではなく，英対話と捉えるべきです。
　さらに，相互理解に行きつくことは，相手の意見や主張に同調することではありません。同意できなくても相手の主張を理解することは可能です。そして，主張が違えば，相互に歩みより接点を見つけようという姿勢，つまり摺りあわせこそが相互理解の本質と言えるでしょう。

5 コミュニケーション能力観の変遷を辿る[4]

英語教育で**コミュニケーション能力** (communicative competence) が重視されるようになって久しいのですが，これまでその定義を巡ってさまざまな議論がなされてきました。本節ではコミュニケーション能力の定義を通時的に追ってみます。

5.1 言語能力と言語運用

現代言語学の祖チョムスキー (Norm Chomsky) は，1965 年に著した *Aspects of the theory of syntax* (『文法理論の諸相』安井稔訳，研究社出版，1970 年) の中で言語知識と言語運用を区別しています。チョムスキーが定義する**言語能力**は，単一言語社会で理想の話者が有する知識を指します。チョムスキーは人間には生得的に言語習得機能が備わっており，周囲の言語がインプットとなり，その機能を作動させることで，個別言語が習得されると仮定しました[5]。つまり，個別言語はそれぞれ異なる言語規則に則っているように見えますが，共通する言語規則—普遍文法から派生しているという仮説です。そして，チョムスキーはこの仮説を検証し，普遍文法を解明しようと尽力してきました。しかし，ハイムズ (Dell Hymes) はチョムスキーが定義した言語能力が社会言語的側面に言及していない点を指摘しました (Hymes, 1972)。

私たちは実際にインタラクションを通して，各々が帰属する社会で受容され適切と見なされる言語運用の方法を身につけていきます。この点に着目し，ハイムズは言語運用がある程度規則に基づいているとし，チョムスキーの言語能力も踏襲した上でコミュニケーション能力を考案しました。

5.2 コミュニケーション能力の構成をめぐって

ハイムズのコミュニケーション能力は言語知識と言語運用能力のふた

---

4 この節は Shibata (2018) を参考にしています。

5 チョムスキーは，私たちの脳には普遍文法が組み込まれていると主張してきました。普遍文法とは，人間の言語に共通して，普遍的な言語規則とされています。表面的には個別言語 (日本語や英語) の文法は異なっていますが，元を正せば同じ言語システム (普遍文法) が土台になっていると仮定しています。

つから構成されています。それに続く，Canale & Swain（1980）は文法能力（grammatical competence），社会言語能力（sociolinguistic competence），方略能力（strategic competence）の３つの構成要素からなるモデルを考えました。文法能力は音声，語彙，形態素，統語に関わる規則を含み，社会言語能力は発話を社会文化的コンテクストに則して意味解釈をする力です。方略能力は，言語あるいは非言語的手段でコミュニケーションを円滑に進めるための方略を使う力を指します。その後，コミュニケーション能力の構成要素は細分化されていきます。Bachman（1990），Bachman & Palmer（1996）のモデルは，言語能力は文法能力，テクスト能力（textual competence），社会言語能力，機能能力（functional competence）から構成されています。さらに話題に関する知識や世界の出来事等についての知識もコミュニケーション能力に含まれています。村野井（2006）はこうした先駆者らのモデルを土台に，①言語能力（文法能力，談話能力，社会言語能力，機能能力），②方略能力，③認知能力，④態度・姿勢，⑤世界のさまざまな事柄についての知識・考えを含む総合的コミュニケーション能力のモデルを構築しました。

　さらに，柳瀬（2008）は哲学的アプローチを用いた，言語コミュニケーション力（communicative language ability）のモデルを提案しています。従来のコミュニケーション能力の定義が言語学的側面からのアプローチに終始しているが，言語不在のコミュニケーションも可能である点を指摘し，彼のモデルは「読心力」「身体力」「言語力」から構成されています。「読心力」とは対話者の心を読む力，具体的には話し手・書き手として聞き手・読み手が理解しやすいように表現や伝え方を考えられる，また聞き手・読み手として話者や筆者の意図を酌んで理解できる能力です。対話を続けるため，コミュニケーションを中断しないための工夫です。たとえば，話題から逸脱しないように心掛ける，相手の発話を受けてそれに関した質問をする，相手が分かりやすい表現を使う等です。これらは従来のコミュニケーション能力に含まれてきた方略能力に相当します。どのようなアプローチでコミュニケーション能力を定義しても，究極的に円滑なコミュニケーションの本質は相手への配慮だと言えます。

　「身体力」とはインプットを処理したり，アウトプットしたりするた

めに目，口，耳，手などが使える能力です。たとえば英語には日本語にない音素（たとえば /l//r/）がありますが，コミュニケーションを円滑に進めるにはこれらを含んだ単語を適切に発音する必要があります。また，アイコンタクトも身体力の表れのひとつです。

　柳瀬のモデルでは「言語力」が言語慣用（linguistic conventions）と言語能力（competence）の2つに分けられています。言語慣用とは従来の言語知識を指し，社会で共有されている典型的な言語パターンの集合体です。一方，言語能力とは言語慣用を創造的に用いるための能力です。言語慣用は明示的に教えられる必要がありますが，言語能力はチョムスキーの言語能力あるいは普遍文法の概念を踏襲し，自然に発達すると説明しています。しかし，チョムスキーが想定した言語能力は生得的なもので，母語習得と母語話者がその範疇であり，第二言語習得研究では，その能力が母語習得と比べどの程度働くかは議論の余地が残っています。また，柳瀬もその点には踏み込んで説明していませんので，その中身については具体的に本書では触れません。

　言語慣用の考え方はホッパー（Paul Hopper）やラーセン゠フリーマン（Diane Larsen-Freeman）の「外国語学習は他者のことばを借りることから出発する」という主張とも共通します（Hopper, 1998 ; Larsen-Freeman, 1997）。この主張に基づくと，外国語学習とは，学習言語の（主に母語）話者が過去から現在まで何世代もかけて培ってきた表現や語彙使用を言語慣用として学習し，それらを学習者自身がこれまで蓄えてきた言語能力を使って，徐々に自らのことばとして言語慣用を駆使できるようになるプロセスです。後述しますが，ここで私が意図する言語能力とは，学習者の母語，学習している外国語（あるいはそれ以外に知っている言語）の言語に関わる知識の集合体を指します。外国語コミュニケーションとはこの知識を用いて言語慣用を創造的に運用することだと言えます[6]。

6　これは第3章で議論したマルチコンピテンス，トランスランゲージ，越境コミュニケーションと共通した考え方です。

　英語教育でコミュニケーション能力を扱う場合，その測定が常に課題です。測定は指導効果の目安として必要ですが，現実社会での言語運用の成功の指標にはなりません。その理由として，実際の言語運用では，その場の状況に応じた適当な言語および非言語手段の選択，運用が求められるからです。テストで評価されるのは，与えられたタスクが上手くできるか否かであり，高い評価であっても実際のコミュニケーションでインタラクションができることを保証するものではありません。

　英語教育の究極的なゴールは，生徒や学生が実際の場面でコミュニケーション能力を発揮できる力の素地を作ることです。国際共通語として英語を使う場面では，さまざまな言語・文化的背景を持った人びとがコミュニケーションに参加しています。こうした状況で円滑なコミュニケーションとは，情報伝達に留まらず，さらにその情報を共有すること（相互理解）がゴールです。そして，共有に到達するためには意味交渉が求められます。この意味で，コミュニケーションには**対話力**が必要に

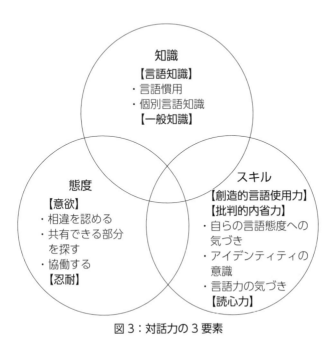

図3：対話力の3要素

なってきます。

　そこで，本節では，コミュニケーション能力を「対話力」と置き換え，知識・態度・スキルの３つの側面から包括的に捉え，以下のようなモデルを提案します。

　まず，「知識」は言語知識と一般知識を含みます。言語知識は言語慣用と個別言語知識から成っています。従来，「言語知識」と呼ばれてきた言語慣用は，柳瀬（2008）のことばを借りるなら，典型的・範型的なパターンであり，言語発話のテンプレートです。こうした言語慣用は，個別言語知識に則って創造的に使われるのです。また，個別言語知識とは，自己が持つあらゆる言語（母語，それまでに学習した言語，学習中の言語など）の集合体（マルチコンピテンス）と捉えます。

　「態度」の構成要素は意欲と忍耐です。相違を認識し，共有できる部分を探し，協働して相互認識する意欲が不可欠です[7]。言語習得は言語発達のみならず，言語が使われているコミュニティで生きていく術も身につけていく過程です。そのコミュニティで認められている世界観や価値観も，その術に含まれています。私たちは生まれ育った社会の中で「正しい」「事実」と認識されているものの見方を身につけていくので，それらが唯一絶対と思っているところがあります（ガーゲン・ガーゲン，2018）。ですから，言語コミュニティが違えば，有する知識や特定の歴史的出来事の認識・解釈が異なることがあり，したがって，対話者との間に認識のずれがあり行き違いが生じても不思議ではありません。だからこそ，相違を認め，共有できる部分を探すことが重要になります。共有できるとは新たな可能性，解決策を見出すことかもしれません。こうした作業は協働する姿勢がなければ進みません。さらに忍耐も要します。こちらの価値観や意見を押し付けようとしてしまえば，対話ではなく対立しか生みません。

　「スキル」は創造的言語使用力，批判的内省力，読心力から構成されます。創造的言語使用力は，先にも触れたように，可能な言語知識を駆使して言語慣用を創造的に使おうとする力です。批判的内省力とは文字通り自己の内面を見ることです。まずは，自らの言語態度を探ってみます。言語態度はステレオタイプや思い込みにつながり，時としてコミュ

　7　Baker（2011, 2016）が提案する Intercultural Awareness (ICA) とも共通します。

ニケーションの支障になってしまう可能性があるので，自己の言語態度を意識することには意義があります。先行研究では，日本人が日本英語に対して否定的であると報告していますが，それはネイティブ英語を目指すからです。英語教育を通して，個々人が違う英語を話すのは当たり前で，「私の英語（My English）」を言語レパートリーとして言語システムの一部とすることを肯定する言語態度の構築が望ましいでしょう。

　次に，対話に臨むに当たってどのアイデンティティが表出しているのかを意識してみます。英語学習者かつノンネイティブのアイデンティティと**「私の英語**（My English）」使用者のアイデンティティとでは，対話への関わり方が異なってきます。ネイティブ・ノンネイティブに関わらず異なる英語を認め，お互いの主張を聞き尊重するといった理想的な言語態度が提案されていますが，まずは自分の言語態度を認識し，アイデンティティを自覚しなければ，何も変わりません。さらに，言語力（language power）への気づきが重要です。言語力とは言語が私たちに与える影響力です。これは，国，社会，個人の力関係を左右し，上下関係や優劣関係を生んでいます。「ネイティブ」対「ノンネイティブ」というラベルも結果として社会的・政治的な優劣が隠れています。言語権も含め，言語力がもたらす不公平さ・不平等さについて，日本の教育で取り上げられることはほとんどありません。また，英語がこれほど世界に拡散している背景について批判的に考えることもあまり重要視されてきませんでした。これらの点に目を向けることで，日本人の否定的言語態度や永遠の学習者アイデンティティは改善されると期待できます。

　最後に，対話者へ配慮できる読心力も必要なスキルです。円滑なコミュニケーションのための方略は個人差があり，英語コミュニケーションに限ったスキルではないので，具体的な方略は明記していません[8]。対話者への配慮があれば，「文法や発音にこだわらなくても，通じればいい」という，一方通行的な発想には至らないでしょう。

8　具体的なコミュニケーション・ストラテジーについては，第9章第3節を参照してください。

■言語コミュニティとしての教室

　人間は社会の中でことばの使用を通して言語知識と言語運用の法則を身につけていくことから，過去の体験（学校教育も含めて）や社会通念が「コミュニケーション」の概念に影響を与えても不思議ではありません。たとえば，Cook（1999）は日本の小学校では先生が他の生徒の話をよく聞くように指導し，注意を促すことから，こうした教室でのやりとりを通して，人の話をよく聞くことが日本人のコミュニケーション能力として習得されていくと述べています。先に挙げた重光の研究結果は，成人してからも幼少期に身につけたコミュニケーション・スタイル（相手の話を聞いて遮らない）が基本であり，さらに外国語運用の際にもそれに倣っていると示唆しています。言語的・文化的背景が異なればコミュニケーションの解釈（先に挙げた「会話」と「対話」の違い）も異なり，それはコミュニケーションの参加の仕方やスタイルの相違となって現れます。こうした一連の相違が誤解やコミュニケーションの中断につながる可能性は否定できません。したがって，生徒もこうした解釈やスタイルの相違を認識しておく必要があります。そうすれば，相手に聞き返された時，学習者に非があるという思い込み（被害妄想）から解放されるでしょう。

　そのうえで，教室での言語活動は L1 英語使用者の語用やコミュニケーション・スタイルを強調するのではなく，コミュニケーションの本質が意味交渉を通しての協働作業であることを前提に考案されるべきです。そのためには，教師がコミュニケーションと相互理解の関係を自分なりに解釈しておく必要があります。本章では，意味交渉を通してお互いの相違を認識し，共有できる部分を探し，あるいは新たな見解を考えるプロセスが相互理解だと解説しました。

　このプロセスは，生徒が 1 日の大半を過ごす教室にも適応されるべきです。これまでにも教室をコミュニケーションの場面と見なして，コミュニケーションを促す言語活動が行われてきました。しかし，それはあくまでアクティビティを行っている間であり，アクティビティが終了すれば，伝統的な知識伝達型の授業形態に戻ってしまいます。ただし，一見してこの授業形態は一方通行のようですが，実は教えと学びを通し

て双方向のコミュニケーションが行われていると捉えることができます。つまり，コミュニケーションとは教室で日常的に行われている営みであり，教室そのものが言語コミュニティなのです。

■実践への応用

　具体的なタスクやアクティビティの提案はありませんが，本章で議論した対話力は英語コミュニケーションだけに関わる能力ではありません。内なるグローバル化が進む昨今，日本にいても言語・文化的背景を異にする人びととのやりとりが増えると予想され，この点で対話力は重要になると考えられます。さらに，海外から日本へ来る人びととの対話では英語以外の言語が使われることもあります。この点に鑑みて，対話力の育成は英語教育だけの問題ではなく，他教科との連携が必至です。いずれの教科でも，生徒の言語使用を促し，教室内での対話を増やす工夫と努力がされるべきでしょう。この意味で，先に触れた「教室は言語コミュニティ」という捉え方もすべての教科に当てはまります。

（柴田美紀）

<table>
<tr><td rowspan="3">第7章</td><td>対話としての英語コミュニケーション</td></tr>
<tr><td>——グローバル社会における「コミュニケーション」</td></tr>
</table>

キーワード	□文化　　　　□異文化コミュニケーション能力 □対話　　　　□デザイン　　　□マルチリテラシーズ □能力観　　　□協働作業

概　要	・言語教育において，文化を扱うことの重要性と留意点について論じます。 ・学校でこそできる英語教育のあり方として，対話としてのコミュニケーションを提唱します。 ・学校教育における能力観の変化について論じます。

【自分ではない誰かと対話すること】

　私は大学生の時，家庭教師をしていました。教え子は，5教科の合計点数が100点に満たない子でした。お世辞にも素行がよいとはいえませんでしたが，ひょんなことから，彼は私に心を許し，急に学ぶことへの意欲を持ってくれました。それからの彼は，彼自身が分からずにいた，それでいて学校の先生には聞けずにいた素朴な疑問を私に次々とぶつけてきました。当時の私は，英語と数学なら分からないことなんてない，と思っていましたが，彼に教えることを通じてそのような自負はいとも簡単に崩されました。自分では「分かったつもり」だったことが，あくまでもテストで点数を取れていただけで，本質を理解できていないことに気づくことができました。

　私は妻とサスペンスドラマを見ることがあります。次々と起こる事件の犯人を妻と一緒に推理するのですが，私が気づかなかったヒントや，見落としていたシーンなど，妻と話すことで得ることがあります。このように，自分ひとりではとうてい気づくことのできない視点や物事の捉え方を，私たちは他者と交流することによって得ることができるのです。

　自分ではない，他の誰かと交流することにより，私たちは新たな気づきを得たり，物事を違った角度から見つめ直すきっかけを得ることがで

きます。本章では，他者との対話の重要性，および他者との関係性の中で育まれる力について，考えてみたいと思います。

1　文化とは

　他者との関係性において伸長しうる力や，対話について考える前に，まずは「文化」について考えます。本章の題目は，**対話としての英語コミュニケーション**です。私たちには，さまざまな言語文化を背景に持つ人とコミュニケーションをする機会が少なからずあります（その場合の言語は必ずしも英語とは限りません）。先に述べた家庭教師先での教え子は，いわゆる「日本人」ではなく，在日コリアンの子どもでした。彼自身は，日本生まれ日本育ちだったため，彼の母語は日本語でしたが，民族意識は強く持っていました。

1.1　文化の捉え方
　「文化」ということばは，私たちの日常生活においてもよく耳にします。たとえば，日本文化や韓国文化のように「国」を基準にする場合，あるいは，「日本の食文化」のように特定の国・地域内における，特定の行動や思考様式について言い表す場合もあります。このように「文化」ということばは，日常生活でも多様な意味で使われています。Kroeber & Kluckhohn（1952）によれば，文化の定義は主要なものだけを取り上げても百数十あると言われています。したがって，これらのすべてを網羅的に捉えられる定義はありません。とはいえ，大きく分けて３つの異なる文化概念があるとも言われています。第１に「静的な実体のある文化」，第２に「流動的で政治的な過程としての文化」，第３に「参加としての文化」です。順に追って見ていきましょう。
　まず，「静的な実体のある文化」です。これは，「○○文化」のように，「○○」という地域や集団の中には共通した，均質的な特徴があるという立場です。19世紀頃，人類学者たちは植民地の「未開」の人びとの行動や思考様式を研究し，それらを「文化」という用語でまとめていきました。本来，現地の人びとの行動や思考様式を記述すれば，「人によって異なる」はずですが，そうした個人差には目を向けず，それぞれのコミュニティは独自の「文化」を持つとみなされたのです。しかし

実際には，1つのコミュニティの内側は一枚岩的な特徴を持つわけではありません。また，他のコミュニティと比較して，同様の行動や思考様式が見られることもあります。したがって，文化を静的な実体のあるものとして捉えることで，こうした「ある文化の中での多様性や他の集団との共通性は見落とされ」（佐藤・奥泉・仲・熊谷，2014: 4）てしまいました。1950年頃になってようやく，集団の境界線内における多様性や，他の集団との共通点が認識されるようになりました。

　静的な実体のある文化という見方において，もう1つ大事な問題があります。それは，ある文化を構成する人びとが，その文化の特徴として実体化された行動や思考様式に，自ら適応するという行動が観察されるようになったことです。ここには，「同じコミュニティなのだから，同じ文化を共有すべきだ」という「願望」としての「べき」が，「当然そうである」という「べき」と混同されてしまう危険が潜んでいます（酒井，1997: 231-234）。つまり，ある文化はその内側の人びとの行動や思考様式を客観的にあらわす「静的な実在」として捉えられることもあれば，「あるべき行動・思考様式」として規範化されることもあるのです。例えば，「お正月に着物を着て初詣に出かける」ということが，日本の伝統文化の典型的な慣習として捉えられる場合，それは静的な文化として存在します。そして，「お正月だから，着物を来て初詣をしなきゃ」のように「従うべき行動」として考え，実際に正月に着物を着て初詣をするなら，これは静的な文化を実行したことになります。このように，静的な実体のある文化という見方は，「あるべき行動・思考様式」として規範化されるという性質があります。

　19世紀の近代国家の形成期において，同じ国の人たちは，同じ民族の文化を持ってしかるべきだ，という「国民統合のためのイデオロギー」（佐藤・奥泉・仲・熊谷，2014: 5）として，政治的に規範としての「文化」が生み出されました。つまり，これは静的な文化としての捉え方です。しかし，この見方は上述したように，文化の内部にある多様性が見えにくくなるばかりか，文化の内部が均質的な特徴を有するかのような印象を与えてしまいます。実際には，「文化」は変化し続けます。たとえば，日本の伝統文化のひとつとされる歌舞伎や，国技とされる相撲であっても，そのあり方は変化し続けています。同じ「歌舞伎」や「相撲」といっても，その起源の頃と現在とでは違う特徴を持っていま

す。つまり，文化を流動的なものと捉える，第2の見方です。1990年代には，「文化とはさまざまな権力が錯綜し，ぶつかり合う場所」（同：4）と考えられるようになりました。そして，文化の研究は「教育，医療，法制度やメディアなどにおいてどのような文化的意味を持つのか，文化的資本がどのような権力により支配的になるのか」（同）ということに関心が向けられました。

　第1の「静的な実体のある文化」にせよ，第2の「流動的で政治的な過程としての文化」にせよ，どちらの見方も，「○○文化」と「××文化」には境界線があり，別々のものであると捉えています。それに対し，境界線を持った規範的な「文化」に倣って人びとが特定の行動や思考をするのではなく，人びとの行動や表現をありのままに記述することで，結果的に特定のパターンのように現れるものだと捉える見方が生まれました。それが第3の「参加としての文化」です。私たちは，SNSやゲームのような自分の興味や趣味に関するコミュニティや，学校の同じクラスやクラブのようなコミュニティに属します。参加としての文化の見方においては，これらのコミュニティの境界線がどこにあるのかは問題になりません。そうではなく，「そのメンバー，あるいは，メンバーになりたい人，メンバーとして認められたいと思っている人が，他のメンバーに対してどのように振る舞っているか，自己を表現しているかという点」（同：6）が問題になります。それぞれの人の振る舞い方は，多様なはずです。第1や第2の見方では，それらをまとめて「文化」と捉えます。これに対し，第3の見方においては，これまで「文化」と呼ばれてきたものには境界線が想定されず，「散漫で，常に変化している動的なもの」（同）として捉えられます。

　それぞれの立場から，先に挙げた「お正月に着物を着て初詣に出かける」という行動について考えてみましょう。第1の文化の見方では，そのような行動は，「日本人としてのあるべき姿」です。また，実際に「お正月に着物を着て初詣に出かける」人は，周囲からすれば，「日本の伝統文化の担い手」と捉えられることもあるでしょう。第2の文化の見方では，「お正月に着物を着て初詣に出かける」という行動が，「日本文化」の同質性という国民統合のイデオロギーを形成する上で，どのように機能したのか，という点に研究者の関心が向けられます。これらはいずれも「お正月に着物を着て初詣に出かける」という行動が，「日本

文化」の一部であるという前提を持つ点では共通しています。これに対し，第 3 の見方では，ある人がたまたまお正月に着物を着て初詣に出かけることが好きなだけであって，その本人に「日本文化」を身につけるという意志や，「日本文化の担い手」になろうとする意志があるわけではないという解釈になります。

　第 1 の見方，つまり「お正月に着物を着て初詣に出かける」という行動が，「日本人としてのあるべき姿である」と考える人からすれば，第 3 の文化の見方における「着物を着ることに興味のある人の行動・思考様式」は，「日本人っぽい」と映るかもしれません。しかしそれは，当人にとってはどうでもよいことであって，その人が好きな行動・思考様式をとっている様子が，たまたま周囲の人から見れば「日本文化らしきもの」として映るだけです。このように第 3 の「参加としての文化」とは，「身近なコミュニティに参加したい人々が何らかの行動を表現（パフォーマンス）した結果現れるもの」（同: 5）という文化の捉え方なのです。

　ここで取り上げた 3 つの文化の捉え方は，それぞれ別の角度から文化を捉えています。そこで本書では，これらのいずれかの見方をとるのではなく，それぞれの見方から得られる英語の捉え方や，教育的な示唆を求めたいと思います。

1.2 「文化」の捉え方から見た「英語」の捉え方

　これら 3 つの文化の捉え方を，「多様な英語」にあてはめて考えてみましょう。従来の「静的な実体のある文化」という見方では，それぞれの「英語」には実体があり，他の英語変種とは違う，つまり「○○英語」と「××英語」には境界線がある，という見方になります。イギリスの「英語」に対し，アメリカの「米語」であるとか，インドの「英語」は独自の言語的特徴を持つ，という見方です。また，「日本人だから日本英語」，「シンガポール人だからシンガポール英語」となります。「○○英語」のように，ある英語変種を実在する個別のもの，均質的なものとして捉える立場になります。

　第 2 に，「流動的で政治的な過程」として文化を捉える立場はどうでしょう。「インド英語」や「フィリピン英語」のように他の英語変種との境界線が「なぜ，どのようにして」生み出されるのかが，中心的な研

究課題となります。たとえば，インドはかつて，宗主国であった英国から英語を押し付けられました。インドは英国からの独立において，押し付けられた英語を自分たちのアイデンティティを体現する手段とするため，「インド英語」として再構築したのです（第2章を参照）。このように，「○○英語」という実体視や規範化における過程や，実体視・規範化の意義を検討する立場になります。

　文化の第1と第2の捉え方からの「英語」の見方では，ある英語変種と別の英語変種とは別のものである，つまり境界線が想定されています。それでは，文化の第3の見方である「参加としての文化」から見た英語について考えてみましょう。この場合，「○○英語」のような捉え方そのものが当てはまりません。たとえば，日本の学校教育においてアメリカ英語を規範に英語を学習しても，仕事の関係上，アジアの人たちとのコミュニケーションの機会が多く，アジア圏内の英語の特徴を身につけることがあり得ます。あるいはインド映画に魅了される一方で，アメリカの野球が好きで，それぞれの独特な表現を身につけることもあり得るでしょう。このような場合，「○○英語」のように特定の英語変種の習得を前提に英語を学び，用いているのでは決してありません。加えて，実際の英語運用において，この場面ではアメリカ英語を使って，この状況ではインド英語を使っているという認識もないでしょう。つまり，本人は雑多な「英語」を用いているのであって，境界線を持った○○英語を使い分けているわけではないということです。このようなことを念頭におくと，あらゆる英語使用者は，各々が独自の英語の特徴を有しているという意味で，「My English」（塩澤，2016）の担い手であるということになります。

1.3　文化を扱う重要性と留意点

　文化を静的で実体のあるものとして捉えると，たとえば「○○における XX という文化」のように，文化に関する知識はいくらでも増やすことができます。いわばクイズ王のような知識です。このような知識は，話の種にはなるかもしれませんし，私たちのコミュニケーションを豊かにしてくれることもあるでしょう。しかし，多くの人にとっては，クイズ王のような知識はコミュニケーションにおいて必要な資質ではありません。英語教育の評価についての指針を示している『評価規準の作成，

評価方法等の工夫改善のための参考資料』（国立教育政策研究所，2011年）には，扱うべき「文化」を「一般的な知識や百科事典のような内容ではなく，技能の運用で求められる，言語の背景にある文化」，「理解をしていないとコミュニケーションに支障をきたすような文化的背景」(p. 34) としています。他方で，検定英語教科書には，「日本文化について発信しよう」といった類のテーマが取り上げられていることがあります。教育現場に行っても，「日本について英語で語る」として，食文化や地域の文化などをとり上げた授業をこれまで何度も見てきました。しかし文化の捉え方としては，これは一面的なものにとどまっていると言わざるを得ません。すべての日本人が「日本文化」を日々実践しているかのような誤解を与えかねない点に加え，伝えようとする対象の現象を「日本文化」として静的に捉えることになる危うさがあるためです。たとえば，「日本では箸を使って食事をする」という行動を「日本文化」として英語で発信するならば，日本人が箸を使わずに食べることもある（パンやおにぎりなど）という事実が伝わりにくくなってしまいます。もちろん，自分たちの「文化」については「必ずしもそうではない」と冷静に判断しやすいですが，あまり知らない国・地域の文化についての情報は，鵜呑みにしてしまうこともあるでしょう。そうなると，自国を知ってもらおうとする「日本文化について発信しよう」という行為が，むしろ文化に対するステレオタイプを形成する可能性もあるのです。

　文化は，常に変化しており動的なものです。私たちは，自分がコミュニケーションに参加した時点での知識や価値観にもとづいて発話し，他者の発話を解釈します。私たちの知識や価値観は，生まれ育った文化や社会の影響を受けます（これを文化化・社会化といいます）。文化が多様であれば，知識や価値観も多様なわけですから，必然的に解釈の違いが生まれ，ミスコミュニケーションを避けることはできなくなってしまいます。それゆえに，私たちには他者と「分かりあえないことから」（平田，2012）関わり，協働的に発話の意味を作り出していくという姿勢が必要になります。このことは，後述する対話としてのコミュニケーションと関わってきます[1]。

1　対話については，第6章でも解説しています。

的影響を持つようになります。彼は，言語習得能力は生得的であると仮定し，人間言語の基本となる「普遍文法」の構築に取り組んできました（Chomsky, 1965）。言語が実際に使われる姿（言語運用）を追うというよりは，抽象的な言語の仕組み（言語体系）に関心を寄せたのです。これに対し，1970年代には，ハイムズ（Dell Hymes）が異議を唱え，言語の実際的な使用を通じてコミュニケーション能力を解明することを目指すようになりました（Hymes, 1972）。

　ハイムズのコミュニケーション能力への関心は，英語教育にも取り入れられました。代表的なものは，第6章でも言及した，カナルとスウェインによる主張です（Canale and Swain, 1980）。彼らは，コミュニケーション能力を，文法能力（文法的に正しい文を作る能力），社会言語能力（社会的に適切な表現を使う能力），方略能力（コミュニケーションの目的を達成するための方略的な能力）に分類化しました。さらにカナルは数年後，談話能力（意味のある談話を作り出す能力）の重要性も指摘しています（Canale, 1983）。

　しかし，社会言語能力のように，あるコミュニティにおける適切さの規範を，その言語のネイティブ・スピーカーに照らし合わせて捉えることは，現在では時代錯誤でしょう（Kramsch, 1999）。母語話者を規範とすることに異議を唱えた代表格が，バイラム（Michael Byram）です（Byram, 1997）。「ネイティブ・スピーカー」と言っても，その概念の捉え方は人によって違います。規範とする対象であるネイティブ・スピーカーという概念が変化しうるため，ネイティブ・スピーカーを外国語学習者の最終目標とすることには問題があることになります。到達し得ない目標になってしまうからです。また，ある言語に特定のコミュニケーション能力を強調することにより，その言語を話す者たちが共有する規範があるという幻想を産み出してしまいます（第2章を参照）。さらに，ノンネイティブ・スピーカーにその規範を強要する危うさもあるでしょう。コミュニケーションにおいて，ネイティブ・スピーカーがいつも正しいというわけではなく，それは一種の幻想です。バイラムは，外国語学習者とネイティブ・スピーカーの間に上下関係を作ってしまう点を問題視したのです。そこで彼は，**異文化コミュニケーション能力**を提唱しました。その特徴を以下にまとめておきましょう。

①態度

　他者の発話や行動をすぐ判断・解釈してしまうのではなく，好奇心を持って，分かろうとすること。また，相手の立場に立って分析しようと努める気持ちがあること。

②知識

　自分の所属する集団に関する知識や，相手や相手の所属するグループに関する知識があるかということだけでなく，社会や個人レベルでのインタラクションの過程に関する知識があること。

③比較，解釈するスキル

　さまざまなドキュメントを比較，解釈し，関係づけられること。

④未知の情報を既知の情報をもとに関係づけて考えられる力

　あることについて全く知識がない場合に，その時点で持っている知識をもとに解釈しようとすること。

⑤文化に対する批判的意識

　「文化」を鵜呑みにするのではなく「文化に対する批判的意識」を持つこと。

　グローバル社会が存在すると信じられている状況下では，お互いの母語が何であれ，コミュニケーションの手段として英語が想定されている場合が多いでしょう（1章で見たように，英語帝国主義という問題に関係します）。もしそうであれば，私たちが英語を使ってコミュニケーションを図る相手は，自分とは異なる言語文化を持つ人びとです。その場合，自己の価値観で相手を判断するのではなく，未知の情報と出会った時に，既知の情報と照らし合わせて冷静に判断することが必要になります。

　コミュニケーションは原則的に2者以上の関係性の中で行われます。したがって各個人の能力を高めるだけでは十分ではありません。コミュニケーションの相手である他者が，常に同じ能力・特徴を持っているわけではないため，各個人の差異・多様性を想定する必要があります。つまり，私たちは関係性の中で培われる力を重視しなければなりません。そこで，他者との関係性を前提とするコミュニケーションのデザインという考え方について触れておきましょう。

3 意味を構築する活動——デザイン

3.1 複合的な能力の育成へ——マルチリテラシーズ

　誰しも，心の内をうまくことばにできないという経験があるのではないでしょうか。あるいは，発話をしたものの，相手に思ったように伝わらず誤解を生んでしまったことはないでしょうか。実生活におけるコミュニケーションでは，ある人の意図がそのまま言語化されるわけではありません。また，うまく発言できても，こちらの意図通りに相手に伝わらない場合もあります。

　たとえばボールを使ってキャッチボールをするとき，こちらがどれだけ速い球を投げても，相手が取れなければキャッチボールとして成立しません。相手はこちらが投げやすいようにミットを構えてくれるかもしれませんが，そこに上手に投げられる保証もありません。しかし，相手が構えている周辺に投げられれば，相手が取ってくれるかもしれません。多少，外れた場所に投げてしまっても，相手が上手であれば取ってくれることもあります。このように，キャッチボールはお互いの力量で成立するものであり，どちらか一方だけで上手にできるというものではありません。同様に，コミュニケーションもお互いの協働作業です。他者との対話を通じて，お互いに発話の意味を形成していくのです。こちらの主観的な発話を聞いた相手とともに，意味を構築していくプロセスがコミュニケーションなのです。

　このようなコミュニケーションの性質を語学教育に取り入れている概念に，New London Group（2000）による「デザイン」というものがあります。コミュニケーションにおける発話が，それ自体に意味があるのではなく，参加者どうしで意味をつくりあげていく，という考え方です。原則，2者以上の間で行われるコミュニケーションの成否は，参与者個人の能力だけで決定されるわけではありません。その意味において，「コミュニケーション能力」は個人に内在する能力ではなく，他者との関係性においてのみ見られるものです（貴戸，2011；仲，2012）。ところが教育場面においては，コミュニケーションの成否を左右する個人の能力が存在し，測定可能だと捉えられることがほとんどです。しかし，コミュニケーションの成否を握るのは，個人の「能力」だけではありません。コミュニケーションに参加する人びとが，互いに発話の意味

を作り上げていく，協働的な作業であるという面があります。このような，コミュニケーションを**協働作業**による意味のデザインと捉える研究が，注目を集めるようになりつつあります。このデザインには，大別して次の3つがあります。以下，Kern（2000）や佐藤・熊谷（2014: 93）などをもとに，私なりに要約しておきます。

①**既存のデザイン要素**（Available Designs）

　　コミュニケーションにおいて意味を構築する（＝デザインをする）ためのリソースのこと。コミュニケーションの参与者が有する経験の総体と考えることができる。具体的には，文法や言語表現はもちろん，コミュニケーションにおいて話題となっていることへの知識や経験なども含まれる。

②**デザインの過程**（Designing）

　　意味づけ・意味の構築のことである。発話者は自らの既存のデザイン要素をもとに情報を発信するが，受信者もまた相手の発話を自らの既存のデザイン要素を活用しながら意味を構築する。

③**再デザインされたもの**（The Redesigned）

　　デザインの過程を経て，最初に情報を発信した者の発話は，受信者によって意味づけられる。そこで生まれた意味は，最初の情報発信者の意図と必ずしも同一ではない。このように，新たに意味づけされたものを再デザインされたものと呼ぶ。

　先に，コミュニケーションを「相互主観的同一性の確保のために行われるプロセス」（高田，2011: 174）と定義しました。このプロセスとしてのコミュニケーションにおいて，参与者は既存のデザイン要素をもとに発話し，受け手はデザインの過程において意味づけを行います。その際，双方の意味づけ・意味構築を支える既存のデザイン要素には，差異があります。文化化・社会化の中で各個人が獲得していく知識や価値観，ものの見方が異なるためです。その差異を埋めていく作業が，デザインの過程です。そして，デザインを経て達成された共通理解は，「再デザインされたもの」ということになります。

　デザインをしていく上で，私たちが依拠しているのは言語だけではありません。New London Group（2000）をはじめとした研究が提唱し

ているもう1つの概念，**マルチリテラシーズ**というものです。リテラシーというと，「読み書き能力」と捉えられるかもしれませんが，実際のコミュニケーションはより複数の要素により支えられています。そのことを強調するために，マルチリテラシーズとされました。マルチリテラシーズの「マルチ」には，"multi lingual"（言語の多様性）と，"multi modal"（情報を伝える手段の多様性）の両方の意味があります。情報を伝える手段が多様であるとは，私たちは通常，意味を構築する際に6つのモード（言語，視覚，聴覚，ジェスチャー，空間，それらを複合的に合わせたもの）を用いているということです。さまざまな手段を用いてコミュニケーションを図ることで，より相手に伝わりやすくなるのです。

3.2 マルチリテラシーズの教育観

佐藤・熊谷（2014）は，マルチリテラシーズをもとにした言語教育の目標について，次のように述べています。

> 全ての文脈に対応できる1つの正しい意味構築の方法やその解釈があるのではなく，コミュニケーションの目的や文脈によってその形や意味が変わることに焦点をあてている。（略）不慣れな状況の中でも積極的にコミュニケーションを行い，自らの成功と失敗を通して学んでいくことができるような学習者を育てていくことが，マルチリテラシーズ理論がめざす教育目標なのである。
>
> （同：92）

伝統的な英語教育では「英語」という言語そのものの上達が，コミュニケーション能力の向上につながるという言語教育観・コミュニケーション能力観が支配的です。もちろん，「英語」教育なので，言語に力点を置くことは当然という見方もあるでしょう。ただし，いわゆる語学試験などで測定される能力だけが向上しても，必ずしもコミュニケーションそのものが上達するわけではありません。マルチリテラシーズの立場からみれば，コミュニケーションの成否を握る要因のうち，あまりにも言語的側面に焦点が置かれているからです。

多様な英語が飛び交う異言語間コミュニケーションの場では，さまざ

まな言語文化の価値観が反映された表現と出会うことになります。それらの「知識」をすべて知ることは現実的な選択肢ではないでしょう。対話的・協働的に，他者との発話の意味をデザインしていく，という姿勢が国際共通語としての英語を用いたコミュニケーションで求められるのです。このようなコミュニケーションへのまなざしと並行して，教育場面における「能力」観も変化しつつあります。国際共通語としての英語教育そのものについての「評価」のあり方については，次章にゆずりますが，本章の最後に，学校教育における能力観の変化と，上述した対話の重要性とを結びつけておきます。

4　学校教育における能力観の変化

　近年，外国語学習において，学習の結果だけではなく，そのプロセスを評価すべきとする見解が注目を集めています。代表的なものに，ポートフォリオ（Condon & Hamp-Lyns, 1993）やダイナミックアセスメント（Lantolf, 2009）などがあります。このような学習者への評価に対する視点の変化は，学習者の「能力」をどのように捉えるのか，つまり**能力観**の変化と関係しています（佐藤・熊谷，2010: 2-13）。本節では，教育学における能力観の変遷を概観し，その上で，英語教育を通じて育成が期待される「コミュニケーション能力」への見方の変遷を整理しておきます。

　教師の「能力」の捉え方によっては，学習者を「育む」というよりは，「社会的に序列化する」という危うさがあります。私たちは誰しも，何かしらの「知識」を持っています。たとえば，人気ゲームやアニメのキャラクター，芸能人の名前なども一種の知識です。ただし，これらが学校教育において評価されることはまずありません。というのも，学校教育を通じて身につけるべきとされる知識があらかじめ想定されているからです。学習者は，その身につけるべき知識の習熟度合が，彼らの能力として測定されています。身につけるべき知識を，それぞれの学習者がどの程度，身につけられるのか，この点が重視されているのです。このような能力の捉え方を，佐藤・熊谷（2014）にならい個体主義的能力観とします。彼らは，個体主義的能力観の限界を指摘し，社会構築主義的能力観を取り入れていくべきであると主張しています。

これまでの個人に内在する能力という個体主義的な考えでは，そこでの評価者が持つ権限や学習過程の軽視，他者との対話の欠如などといった点が問題点としてあげられる。今後，よりよい人間関係を作り上げ，他者とともによりよい社会のあり方を模索・構築していくためには，「能力」を個体主義的なものであると定義するだけではなく，能力が他者との協働活動の過程で構築されるものでもあるとする能力観を積極的に取り入れ，それに適した評価法のさらなる開発，実践も必要である。

（佐藤・熊谷，2014: 89）

　繰り返しになりますが，コミュニケーションは原則的に2者以上の参加者による関係性の中で生じる現象です。したがって，各個人の能力を高めたからといって，必ずしも相手との関係性の中で確実に目的を達成できるかどうかは分かりません。確かに，お互いの能力が高ければよい，という考え方は一理あるでしょう。しかし，果たしてそれだけでしょうか。たとえば，プロ野球選手は，全員が極めて高い能力を持っていますが，連携プレーを必ず練習します。ダブルプレーなどがそうです。サッカーやバスケットボールなどはもちろん，吹奏楽の演奏なども同じく個の力が単に集積されるわけではなく，集団としての力が伴うことで，集団としての目標を達成しやすくなります。このように，個々の能力の高さだけではなく，他者との関係性の中で何ができるのか，という視点が不可欠なのです。

　英語教育における個体主義的能力観とは，たとえば，学習者一人一人の単語や文法事項の知識の獲得を測定することです。単語のスペリングや，文法的な「ミス」を問うことは，今でもよく見かけます。ここでは，単語や文法事項が，学習者が蓄積すべき知識として捉えられています。そして，学習者はそれらを覚え，試験においてその知識を正確に反映することで評価されます。つまり，評価の対象は，試験において学習者が示した解答＝結果にのみ焦点が当てられています。

　このような個体主義的能力観は，フレイレ（1979, 2011）がいうところの銀行型教育観に位置づけられます。学習内容である知識を，教師は効率よく伝達し，学習者はそれを頭に蓄えていくことが期待されているからです。まるで銀行に預金をするかのように，教師は知識を学習者に伝えるのです。

フレイレはこのような教育観を批判し，課題提起型教育を提唱しました。これにより，学習者がどのような知識を習得したのかという「結果」だけではなく，どのように習得していくのかという「プロセス」にも注目が集まるようになりました（レイブ＆ウェンガー，1993）。この課題提起型教育において伸長される能力を，熊谷・佐藤（2014）は，「社会構築主義的能力観」（同：73）としました。その特徴は次の通りです。

　　そこでは，いかに教室での活動自体を社会的実践として意味をなすものとして設定できるか，また，その実践に学習者が能動的に参加していく過程において，どのように学習／習得を促進できるかという視点が強調されている。
　　　　　　　　　　　　　　　　　　　　　　　　　　　　　　（同：74）

　能力観の変化とは，「学習を個人の能力の変化とみる立場から，お互いがお互いに影響を与え合っている関係性の変化と見る立場への移行」（佐藤・熊谷，2010：8）なのです。
　フレイレ（2011）によれば，銀行と銀行を利用する側とを結びつけているのは，「預金」という行為です。銀行型教育では，「ある人からある人に考え方をただ移し替えたり，考えを交換して消費してしまうもの」（同：121）と捉えられています。そこでは，知識の伝播は教える側から教えられる側へと一方通行であり，学習者に蓄積されていきます。それに対し，課題提起型教育は，「人と人がお互いに出会い，お互いの知恵を共有するような行為」（同：124）とされています。双方向的であり，対話が重要視されているのです。学習者にとって必要な知識は，教師からあらかじめ設定されたものだけではなく，教師と学習者との対話の中で見出されるべきものだと考えられています。
　なお，ここでは知識の預金的な行為，つまり知識を教師が学習者に伝達することを否定しているわけではありません。知識がなければ，考えたり判断したりすることもままなりません。その結果，対話を通じた学習テーマの生成も難しくなってしまいます。大事なことは，学習者に伝えるべき知識だけを授業で扱うのではなく，授業を通じて彼ら自身が求める知識や考え方，物の見方を広げていくことです。そのためには，教師と学習者との対話的な授業の進め方が鍵となるのです。

■仲間とともに英文を生みだしていく

　1つの発話や英文などに対して，教室にいるすべての学習者が同じ意味づけ・解釈をするということは，通常のコミュニケーションでは考えにくいでしょう。もちろん，資格試験における文法問題のように，解答が1つしか存在しない問いの立て方もできるでしょう。しかし，実社会でのコミュニケーションにおいて，その答えが1つであるという問いはそれほど多くはありません。人によって感じたり考えたり，思ったりすることが違うからこそ，私たちは他者と交流し，自らの物事の捉え方と比較することにより，より広い視野から多角的に判断する力を得ることができます。学校だからこそできる教育内容を追求した場合（里見，2005），対話的で協働的な学びというものは，その1つの回答と言えるでしょう。

　このような原理を，英語教育におけるコミュニケーション能力の育成にどのように取り入れることができるでしょうか。次に，実践例を紹介します。

■実践への応用

　大阪大学の日野信行氏が考案し実践されてきた「駅伝英作」というものがあります。これは，「受講生がリレー形式で1文ずつ自分の考えた英文を書き加え，ストーリーを作っていく英作文」（日野，2003b: 28）です。学習者に配布するプリントの1行目に英文が書かれているのですが，学習者はその続きの英文を1文書きます。書いたら次の人に回し，その人は1つ目と2つ目の英文につながる文章を書きます。これを複数回繰り返すのです（日野，2003b）。そうすると，同じ英文に対し，複数の異なる内容が展開されていることに気づくでしょう。なお，第1文目を学習者に書かせてもよいのですが，中には想像力の乏しい学習者もいます。そのような学習者は，何を書いてよいか分からず，その場で活動がストップしてしまいます。そのため，第1文を提示するのです。

　駅伝英作は，「スピードを出して書かないと自分のところに紙がたまってしまうという状況の中で否応なしに書く」ことや，「最近の教育で

重視されている共同学習（collaborative learning）の一形態であり，良い意味での peer pressure[2] が作用する」（日野，2003b: 28）という特徴があります。このような活動を通じて，文と文を有機的につなぐために，談話能力（文と文とを意味が通るようにつなげられる力）が育成されます。また，話を展開するために接続詞や副詞句などの役割に気づくことになります。口頭での対話とは違って，言語化した英語が文字で残るため，口頭と同じく即興的ではあるものの評価をするうえでは便利だという利点もあります。

　国際共通語としての英語を考えた場合，たとえばさまざまな英語に見られる独特な比喩表現などを，第1文目に持ってくることで，学習者たちのさまざまな解釈を生み出すことができます。また，書かれた英文がいわゆる標準的な英語の文法・語法から外れていても，お互いが意味を構築し，ストーリーを作り上げられることを体験することになるでしょう。

（仲　潔）

2　peer pressure（ピアプレッシャー）とは，協働学習において，学習者同士が無意識のうちに与え合う圧力を指します。たとえば英語を話す場合に，周囲の目が気になって話せないのであれば，「負」のピアプレッシャーが作用していることになります。ここでは，学習者同士で英文をつなぎ，意味の通った文章を作成していくことに重きを置くことで，「良い意味での」ピアプレッシャーとされています。

<table>
<tr><td>第 8 章</td><td colspan="2">**言語コミュニケーション力の評価**
——WE，ELF の視点から考える</td></tr>
</table>

<table>
<tr><td>キーワード</td><td>□インプット　　□アウトプット　　□評価者
□相互作用　　　□音の通じやすさ　□課題達成度
□方略的能力　　□調整力　　　　　□態度
□コミュニケーション・ストラテジー</td></tr>
<tr><td>概　略</td><td>・World　Englishes（WE）のアプローチでは，英語や評価者の多様性を尊重します。インプットとアウトプットでは異なる評価基準を設定します。
・English as a lingua franca（ELF）のアプローチでは，コミュニケーションにおける課題達成度，方略的能力，調整力を評価します。
・国際英語論では認知的な言語力だけでなく，感情的な態度の育成も求められます。
・学習指導要領と国際英語の評価の関わりについて触れます。</td></tr>
</table>

【ネイティブのルールに頼らない評価とは？】

　「英語は世界中で広く日常的なコミュニケーションの手段として使用され，その使われ方もさまざまであり，発音や用法などの多様性に富んだ言語である。」

『中学校学習指導要領解説』（2017）からの抜粋です。すでに第 2 章で触れたように，英語はイギリスやアメリカを超えて，アジア，アフリカ，オセアニア，ヨーロッパで使用されています。英語を使用する目的，状況や相手は多様です。この「グローバル」な使用実態を踏まえ，教育現場では英語を国際語として捉える必要があります。この英語の位置づけは，指導だけでなく，評価にも大きく関わってきます。

　これまでは理想化された「ネイティブ」の規範に基づき学習者の評価が行われてきました。発音，語彙・表現，文法，談話構造，発話行為，ジェスチャーまで，すべて「ネイティブ」が究極のモデルです。とくに

大規模な英語資格試験は，今でも母語話者の英語のみを「正しい」とし，非母語話者的な特徴は「誤り」とみなす傾向があります（Jenkins & Leung, 2019）。しかしあらためて考えてみましょう。英語の話し相手は英米人に限りません。状況や相手によっては，いわゆる「ジャパニーズ・イングリッシュ」の方が通じる可能性は十分にあります（末延, 2010）。

　英語や使用状況の多様性を鑑み，私たちはこれからの英語教育における目的をしっかりと見据える必要があります。もし「英米語」ではなく，「国際語」として英語を指導するのであれば，その評価をどうすべきか。本章では，先人の知見に基づき，国際英語論（WE／ELF）に基づく評価のありかたを示します。そして学習指導要領に触れて，今後の英語教育に具体的な提案をします。

1　WE による評価のアプローチ

　社会言語学的な事象を扱う World Englishes（WE）のアプローチでは，英語や評価者の多様性を尊重します。

1.1　インプットの多様性

　私（藤原）は日常的に海外の英語ニュースを視聴しています。イギリスのBBC（英国放送協会）もそのひとつですが，イギリスの放送とはいえ，実に多様な英語の音声を耳にします。たとえば，フランス，スリランカ，ベネズエラ，サウジアラビアなどの現地の人たちの話す英語です。また，時にベトナム，台湾など，世界各地の大学の先生と英語で話すことがあります。多くの場合，彼らの母語のアクセントのある英語です。このように国際語として英語が使用される場面では，さまざまなアクセントの英語に出会います。その際，慣れ親しんだ英米人の英語に固執するのではなく，多様な英語を受容し理解する能力，とくにリスニング力は必須と言ってよいでしょう（日野，2005; Canagarajah, 2006）。

　さて，現在の中学，高校で使われている音声教材にはどのような英語が使用されているのでしょうか。ご存じの読者も多いかと思いますが，圧倒的にアメリカ英語です。2002 年版，2016 年版の検定高校教科書の調査によると，アメリカ出身の話者による吹き込みが実に 8〜9 割と

いう独占市場です（Kawashima, 2009, 2018）。中学の教科書も同じ傾向です。この現状に合わせて，リスニング・テストの音声もほとんどアメリカ英語のものです。教育上，ひとつの基準に絞る意図は分かりますが，これでは多様な英語が飛び交う「グローバル社会」に対応できません。

この偏りを正すために，何ができるでしょうか。ひとつの方法は，アメリカ，イギリスのみならず，さまざまな英語を取り入れたリスニング・テストを行うことです。そのためには普段から英語圏以外の英語に慣れておく必要があります。たとえば，『インド英語のリスニング』（研究社）や『「世界の英語」リスニング』（アルク）のように，WE の理念をふまえた教材も市販されています。また今では動画配信サイトを用いれば，さまざまな映像を視聴することができます。あるいは，近年増えている非英語圏出身の外国語指導助手（ALT），たとえばフィリピン出身の ALT などと協力して，独自の教材を作るのも一案でしょう。

2020 年度より実施される「大学入学共通テスト」のリスニングでは，「アメリカ英語以外の読み上げ（イギリス人や英語を母語としない人による読み上げ）」も実施されます（大学入試センター，2019）。2 度のプレテストでは，アメリカ人，イギリス人，日本人の英語音声が使用されています。これからの英語のリスニング・テストには多様な英語音声が含まれることが予想されます。

1.2　アウトプットの多様性

さまざまな英語を認めることは，自身の英語を認める姿勢につながります。国際英語論をふまえたスピーキング・テストや発音の評価では，「母語話者らしさ」ではなく，「音の理解」（intelligibility），つまり**音の「通じやすさ」**を基準とします[1]。そして理解できる水準であれば日本語のアクセントを減点しません。母語のアクセントが第二言語に反映するのはごく自然なことだからです。すべての語尾に母音が入るようないわゆる「カタカナ英語」は問題ですが，国際的に通じる水準であれば，マイナス評価をする必要はないでしょう。

---

1 intelligibility については第 4 章第 1 節を参照してください。

実はこの方向性は，テスティングにおける世界的な動きでもあります。TOEFL®iBT のスピーキング・テストは，母語話者らしさではなく，音の通じやすさが指標です（ETS, 2014; Harding & McNamara, 2018）。日本の英語教育にも影響を与える CEFR（ヨーロッパ共通言語参照枠）は，初版（2001）からいわゆる「ネイティブ」を目標としないスタンスが示されていました。さらに補遺版（2018）では「ネイティブ」に関連する記述が完全に削除されました。たとえば "native speakers" は "speakers of the target language" に書き換えられています。

　また日本の中学，高校のスピーキング・テストでも，発音における母語話者らしさはあまり重視されていません。文部科学省が中高の 3 年生を対象に行う「英語教育改善のための英語力調査」では，「音読」の項目に「母語アクセントが残っていたり，発音ミスも時にあるが，聞き手がある程度理解できる発音，リズム，イントネーション，速度，声の大きさで話せている」という評価基準があります。母語アクセントに触れてはいますが，通じやすさが大事というスタンスです。スピーキングテストの他のパートは適切な表現，文法，論理性や内容に焦点が当てられており，発音については触れられていません。また 2019 年 4 月に初めて行われた「全国学力・学習状況調査」の英語の「話すこと」のテストでは，「解説資料」（国立教育政策研究所，2019）の採点基準をみる限り，内容，表現や文法の正確さに焦点が置かれており，発音の良し悪しはほぼ関係ありません。

　実際に一般の L1 および L2 英語使用者に学習者のパフォーマンスを評価してもらうと，母語アクセントは必ずしも問題にならないことが分かっています（Sato & McNamara, 2018）。また ELF のやりとりでは，母語話者らしい英語にみられる頻繁な音の連結や脱落が，むしろ通じにくいという指摘があります（e.g., Jenkins, 2000; Hino, 2018）。

　日本人らしい発音を気にしているのは，日本人だけかもしれません。コミュニケーションの成功により大きく影響する他の項目に注意を向けた方がよいでしょう。

1.3　評価者の多様性

　WE のアプローチでは，さまざまな英語をテストで用いるとともに，さまざまな英語使用者を評価者にすることを勧めています。世界に

は多様な英語話者がいます。ネイティブ重視の TOEFL や IELTS でさえ，近年は評価者として非英語母語話者を迎えています（Matsuda, 2019; Sadeghpour & Sharifian, 2019）。スピーキングやライティングの評価者を英語母語話者のみに任せるのではなく，さまざまな言語や文化背景の L2 使用者も含められれば，より国際的な英語の使用実態に即したテストになるでしょう。

　先行研究では L2 使用者の言語文化的な背景により，評価が分かれる可能性が指摘されています（Harding & McNamara, 2018）。たとえば全体のパフォーマンス評価において，フィリピン人英語話者の方が英語母語話者より厳しいという結果（Hato, et al., 2018）や，同じシンガポール人でも幼少期から英語が優勢言語であった評価者は発音の評価に厳しい可能性（Shintani, Saito & Koizumi, 2017）が報告されています。結局のところ，英語母語話者であれ日本人英語教師であれ，彼らの背景によって，評価のゆらぎはあるでしょう（根岸，2017）。ゆらぎをなくして，できるだけ公平な評価をするためには，評価者のトレーニングとお互いの歩み寄りが欠かせません。

　私見では，この評価のゆらぎと歩み寄りこそ，国際共通語としての英語の使用実態を示していると思います。英語使用者は多様な言語文化背景を有しているため，その背景に応じて発音や表現の「通じやすさ」は異なると考えられます。この点から，WE のアプローチは，アメリカ英語などの一極に収束しようとする評価より，ずっと現実に即しています。世の中は多様な英語話者が多様な軸で英語によるコミュニケーション力を評価しているのです。

2　ELF による評価のアプローチ

　語用論的な事象を扱う English as a lingua franca（ELF）のアプローチでは，ELF コミュニケーションにおける課題の達成度，方略的能力，調整力を評価します。

2.1　一般的な人たちのコミュニケーション力の考え方

　テスティングの大家であるメルボルン大学のマクナマラ名誉教授（Tim McNamara）は，「今までのところ，ELF のテストは存在しない」

(McNamara, 2018: 13) が,「ELF テストが未開発という問題は本質的には政治的なものに過ぎず, ELF のテストは完全に実行可能である」(同) と述べています。そのマクナマラが関わった研究 (Sato & McNamara, 2018) は, ELF のテストを考えるうえで大変有益なので, ここに紹介します。

Sato & McNamara (2018) は, L2 コミュニケーション力の理論や言語テストの評価に「一般人」の眼が入っていないことに着目しました。つまり応用言語学者や言語テストの「専門家」が言語能力モデルや評価方法を開発してきましたが, 実際に英語で国際コミュニケーションを行う一般の英語使用者, とくに非英語母語話者の意見はまったく考慮されてきませんでした。そこで 2 人は, 言語学や言語教育の専門知識を持たない, さまざまな母語の英語使用者 (L1 は英語, フランス語, スペイン語, 中国語, 日本語など多岐に渡る) に英語学習者たちのスピーキング・テストのパフォーマンスの録画を見ながら評価してもらいました。

その結果, 一般的な言語テストが重視する英語の正確さや流暢さだけでなく, 以下の点が評価されていました。

・コミュニケーションにおける成功度合い (全体のメッセージの伝達度)
・話した内容 (内容の興味深さや一貫性, トピックとの関連性など)
・やりとり (質問, 応答, 傾聴, 相槌, 周りへの配慮, 協力姿勢など)
・ジェスチャー (振る舞い, アイ・コンタクト, 姿勢, 表情など)
・落ち着いた態度 (自信, 落ち着き, コミュニケーションへの意欲など)

私たちが人とコミュニケーションする際に, 自ずと注目する観点に近いのではないでしょうか。これは, 万人に共通するコミュニケーションの本質であり, その普遍性を示唆するものです。

もちろん個別の言語の特徴は重要です。発音, 語彙, 文法などの言語的特徴は, 通じやすさやコミュニケーションの成功度合いに直結するので, 重要な要素です。一方で, ELF のやりとりでは, 言語的正確さよりも流暢さが重要視されることも分かっています (Sato & McNamara, 2018: 11)。みなさんは日本語で外国人と話すとき, 言語的に「正しい」日本語が大事だと思いますか。それとも「スムーズ」な意思疎通を

重視しますか。国際英語論の研究者の多くが指摘するように（例：Hino, 2018），現実の流動的なコミュニケーションは，従来の言語的特徴における固定的な規範では評価できません。

2.2 課題達成度——状況や目的をふまえた課題の遂行

ELF 志向のコミュニケーションのテストでは，**課題達成度**（task achievement），つまり与えられた課題をどのように達成したか，その達成までのやりとりを評価します。ELF の評価における近年の文献（藤原，2017b; Hato et al., 2018; Harding & McNamara, 2018; Kouvdou & Tsagari, 2018）では，必ず挙げられる項目です。母語話者を基準とした正確さよりも，実際に与えられた課題を適切な言語表現を用いて，双方向のやりとりをしながら達成できたかが問われます。

この正確さから課題達成度への評価規準のシフトは，言語テスト，とくにコミュニケーション重視のパフォーマンス・テストやタスク・ベースの言語指導（Task-based Language Teaching: TBLT）の評価でもみられます（Harding & McNamara, 2018; Kouvdou & Tsagari, 2018）。パフォーマンス・テストやタスク・ベースのテストでは，現実の生活で行うような状況と目的の定まった「タスク」を課し，その発話の言語的特徴よりもタスクの成否を評価します。正確さが重要な場面もありますが，近年注目を集める TBLT においても，課題達成度を評価するテスト形式が模索されていることは注目に値します[2]。

2.3 方略的能力
——コミュニケーション・ストラテジーの効果的な使用

言語文化背景や能力の異なる L2 英語話者との ELF コミュニケーションにおいて課題を達成するには，さまざまな「ストラテジー」を効果的に用いることが求められます（Seidlhofer, 2011）。言語教育において，**コミュニケーション・ストラテジー**（communication strategy: CS）とは，第二言語の知識や能力の不足を補ってコミュニケーションを達成するために学習者が用いる手立てを指しますが，広くは円滑にコミュニケーションを図るための工夫をすべて含みます。たとえば"amphibi-

---

2 TBLT については松村（2017）等を参照してください。

an"（両生類）という単語を知らないため，"an animal that can live on land and in water"と言い換えたり（paraphrase），相手の話している内容が分からないときに"What did you say?"と述べて明確化を求めたりします（clarification request）。他にもジェスチャーや顔の表情で理解の度合いを示したり（gesture），第一言語を使用したりします（L1 use）[3]。

　CS が適宜使えるかという**方略的能力**（strategic competence）の評価は，言語的特徴の評価と比べて，まだ発展途上です（阿川・佐藤，2005）。Bachman（1990）のコミュニケーション能力のモデルが示すように，方略的能力は言語使用のすべてに関わるため，その能力のみを評価することが困難だからでしょう。しかし，ELF の評価として，授業内の観察に用いる CS チェック・リストが提案されています（Kouvdou & Tsagari, 2018）。ELF のやりとりではお互いの意思疎通を頻繁に確認する必要が出てきます（Cogo & House, 2018）。そのため，自分の述べたことを繰り返したり（repetition），相手の述べたことを繰り返し述べて，理解の確認（comprehension check）をしたりします。そのような行為を観察して，チェック・リストで記録する手法です。

　このチェック・リストで考えさせられるのは，一般的にマイナス評価をされる「L1 や他言語の使用」や「三単現の s の欠落」などを，むしろプラス評価の項目に含めていることです。議論の余地はあると思いますが，ELF におけるコミュニケーションを考慮するのであれば，たしかに「評価」してよいのかもしれません。日本の中学生，高校生はとくに初級の段階では間違いを恐れて，沈黙してしまいがちです。リスクをとって発話することを評価するのであれば，口を閉ざした生徒たちに変化が生まれるかもしれません。

　とくに「L1 や他言語の使用」を評価することは，ELF のテストを考察してきたジェンキンスやショハミー（Elana Shohamy）も支持しています（Jenkins, 2015; Shohamy, 2018）。ELF 使用者は複言語話者です。実際，ELF のやりとりでは，自分が使用できる言語のレパートリーを駆使して，相手とコミュニケーションを図るのはごく自然なことです。

3　SLA と ELF の視点からのコミュニケーション・ストラテジーについては第 9 章 3 節を参照してください。

ELF 研究を牽引してきたジェンキンスは，"English as a multilingua franca" をスローガンとして，英語にのみ焦点を当てるのではなく，複言語的視点で研究と教育を行う必要性を主張しています。日本の学習指導要領が参考にしている CEFR をはじめ，Cook（1999，2007）の提唱するマルチコンピテンス（第3章4節）など，近年の言語能力観はすべて外国語だけでなく母語も含めたものです（鳥飼，2011；藤原，2014）。英語を L2 として使用する場面で L1 使用を禁ずるモノリンガル的な言語アプローチは，外国語教育のあり方において一考の価値があります。

2.4　調整力――やりとりにおける適応力・対応力

　これまで述べてきた国際英語論の視点をふまえた評価の実例として，京都工芸繊維大学で開発されたコンピューター・ベースのスピーキング・テストがあります（Hato et al., 2018）。このテストの設問の登場人物は，いわゆる「ネイティブ」と呼ばれる L1 英語使用者以外にマレーシア語，日本語，イタリア語，ポルトガル語などの多様な言語を母語とする L2 英語使用者を含み，彼らの ELF によるインタラクションをテストに活用しています。また，パフォーマンスの評価者は L1 使用者と L2 使用者（日本人，フィリピン人）であり，評価者の多様性を考慮しています。そして評価の観点は文法や発音が母語話者の英語にどれだけ近いかではなく，課題達成度です。課題を達成するうえで，言語能力の不足を補うための CS の使用が評価されるテスト設計と言えるでしょう。国際英語の評価として注目すべき取り組みです。

　しかし，コンピューターを相手にしたやりとりは，生身の人間とのやりとりとは本質的に異なります。人との対話では，相手の発話に合わせて自分の発話を**調整する力**（accommodation skill）が求められます。たとえば相手がよく使用する理解確認の表現を取り入れたりすることです（第5章2節参照）。このテストの開発者達も認めるように（Hato et al., 2018），大規模なスピーキング・テストにおいて，対話者と直接やりとりをする面接方式のテストは実用性（試験の時間や費用の効率性）において問題があります。しかし，実際の意味交渉を行い，発話を調整する観点は動的なインタラクションを重視する ELF のテストにおいて考慮すべきです。

　ELF のコミュニケーションでは，「伝統的に定義される英語力が高い

相手だけでなく，低い相手とのコミュニケーションに対応する力」
（McNamara, 2018: 17）も求められます。この観点は，母語話者を基
準にしてきた言語テストにおいて，まったく考慮されてきませんでし
た。CS は，自分自身の言語能力の不足を補うために用いますが，相手
の能力不足を補うためにも用いられます。たとえば前述のように相手が
"amphibian（両生類）"という単語を理解できないとき，話者が率先し
て言い換える必要があります。そのような対話者への歩み寄りの能力，
やりとりにおける調整力が求められます。

<h3>3　態度の評価——世界における英語使用の理解と心得</h3>

　さまざまな話者とのやりとりにおける調整力やコミュニケーション力
を支えるものは何でしょうか。多くの国際英語論（WE／ELF）の研究者
は，「**態度**」，つまり感情的な側面を挙げています（Harding, 2012; 塩
澤, 2016; Nakamura et al., 2018）。たとえば，上述の Sato & McNa-
mara（2018）は「態度」を評価項目として挙げ，ELF のやりとりにお
ける「自信」や「コミュニケーションへの意欲」の重要性を指摘してい
ます。第 6 章 6 節の柴田の「対話力」のモデルは「態度」を含めてお
り，その構成要素は「意欲」と「忍耐」です。「相違を認識し，共有で
きる部分を探し，協働して相互認識する意欲」はまさに調整力を支える
基本的な心がまえと言えます。
　「態度」の側面をとくに強調した文化間コミュニケーションの能力観
として，塩澤（1997, 2016）は「情意能力（affective competence）」
を提唱しています。この情意能力の定義は「自分の感情をコントロール
し，異文化を持つ相手と顔を突き合わせて積極的にコミュニケーション
を取ろうとする態度・能力」（塩澤, 2016: 16）です。自分が慣れ親し
んできた英語とは異なるアクセント，表現，振る舞いに直面すると，人
間はどうしても違和感を抱くものです。塩澤はその「違和感」は時に
「気持ち悪い」「聞きたくない」というネガティブな感情につながると指
摘します。国際英語論を踏まえて，「さまざまな英語はそれぞれ同様に
価値あるもの」と頭で分かっていても，心で受け入れることはなかなか
難しいものです。この心理的葛藤を乗り越えて，多様な英語を受け入れ
て歩み寄り，自分の英語を調整するのは，認知的な能力だけでなく，

「感情のレベルでの仕事」（塩澤，2016：47）と考えられます。

　では，現場の英語教員が態度をはじめとする情緒面を評価する場合，どのような方法があるのでしょうか。普段の学生の振る舞いを観察することも一案です。また言語テストを専門とする中村らは，国際英語における態度を測る質問紙の使用を勧めています（Nakamura, et al., 2018）。その質問紙では，以下の4つの項目に関連した内容を「強くそう思う」から「まったくそう思わない」の5段階で尋ねています。それぞれの項目は複数のチェック内容がありますが，紙面の都合上，各項目にひとつずつ記載します。（原文は英語です。筆者訳）

①英語の拡がりの現状
　・英語は世界中の人たちと効果的にコミュニケーションを図るうえでの国際語として用いられている。
②英語の変種
　・香港英語，インド英語，シンガポール英語など，さまざまな英語が社会的に容認されている。
③多言語／多文化コミュニケーションのためのストラテジー
　・私は異なる文化背景の人たちとやりとりする際に，自分の会話スタイルを調整することができる。
④英語話者のアイデンティティ
　・英語教員は英語の「ネイティブ・スピーカー」のように話すよう学習者に強要してはならない。

　自己評価をどの程度信頼するかによって，その有効性の判断は分かれると思いますが，学生の意識向上には役立つでしょう。

4　学習指導要領との関わり

　今までWEやELFのアプローチから考える評価のありかたを見てきました。このような内容は学習指導要領に適合しているのでしょうか。ここで話を学習指導要領に移し，日本の英語教育の目標を確認してみましょう。
　本章の冒頭では『中学校学習指導要領解説』（2017）の「英語は…発

音や用法などの多様性に富んだ言語である」という一節を引用しました。その一節からも明らかなように，新しい『学習指導要領』は国際英語を認める立場をとっています。以下は，その続きの部分です。

「その多様性に富んだ現代の英語の発音の中で，特定の地域やグループの人々の発音に偏ったり，口語的過ぎたりしない，いわゆる標準的な発音を指導するものとし，多様な人々とのコミュニケーションが可能となる発音を身に付けさせることを示している」

（p. 30，下線は筆者）

今回の学習指導要領の改訂の際に，下線部が付け加えられました。聞く際のインプットは「標準的な英語」であれ，話す際のアウトプットは「多様な人々とのコミュニケーションが可能となる発音」です。発音の目標は英米人の「母語話者らしさ」ではなく，他の英語使用者にも理解してもらえる発音を目指すことです。

また同解説には下記のように，多様な英語に触れる機会の重要性が指摘されています。

「音声面でも，教師や ALT 等の使う英語だけでなく，ほかのさまざまな英語音声に触れる機会をもつことは，国際共通語としての英語に対する理解を深め，同時に自分自身の英語に対する自信を深めていく上でも大切である」

（p. 96）

あらためて考えてみると，ほとんどの英語教員はいわゆる「ネイティブ」ではなく日本語母語話者です。また ALT として，フィリピン人やロシア人など多様な言語文化背景を持つ人が積極的に雇用され始めています（Hino, 2018; 杉本・山本，2019）。教壇に立つ教員や「国際共通語としての英語」という文言が用いられる学習指導要領や行政関係の文書をみると，日本の英語教育は EFL から EIL／ELF へと目標を転換していると考えられます（藤原，2014; 塩澤，2016）。

それでは最後に，国際英語論の観点から中学校学習指導要領の目標を検討してみましょう。表1は指導要領の目標1から3を国際英語論から解説したものです。表にあるように，目標の3点は学びの3要素，

1. 「知識・技能」，2. 「思考力・判断力・表現力等」，3. 「主体的に学習に取り組む態度」に対応しています。

表1：国際英語論から考察する中学校学習指導要領の目標

学習指導要領の目標	国際英語論的視点での対応
1. 「知識・技能」 　外国語の音声や語彙，表現，文法，言語の働きなどを理解するとともに，これらの知識を，聞くこと，読むこと，話すこと，書くことによる実際のコミュニケーションにおいて活用できる技能を身につけるようにする。	外国語の「音声や語彙，表現，文法，言語の働き」の多様性に慣れさせることが必要です。とくに英語ノンネイティブの音声をリスニング・テストに取り入れましょう。また第5章で触れたように，フィリピンやインドなどの語彙，表現などに触れさせるのも良いでしょう。
2. 「思考力・判断力・表現力等」 　コミュニケーションを行う目的や場面，状況などに応じて，日常的な話題や社会的な話題について，外国語で簡単な情報や考えなどを理解したり，これらを活用して表現したり伝え合ったりすることができる力を養う。	目的，場面，状況の多様性をふまえた判断力の育成が求められます。ELFのコミュニケーションでは，英語力が低い相手とのやりとりも射程に入れる必要があります。たとえば単語やジェスチャーのみを使用して，相手と意思疎通を図るパフォーマンス・テストをしてもよいでしょう。
3. 「主体的に学習に取り組む態度」 　外国語の背景にある文化に対する理解を深め，聞き手，読み手，話し手，書き手に配慮しながら，主体的に外国語を用いてコミュニケーションを図ろうとする態度を養う。	この項目は，調整力と態度に触れていると思われます。国際英語論において「外国語の背景にある文化」は対話者の母語の文化を含みます。したがって対話者の「文化に対する理解を深め」，相手に「配慮しながら」，自己を調整していく力の育成が求められます。

■グローバル化に対応した英語コミュニケーション力の評価へ

　本章では国際英語の評価のあり方を紹介し，その方向性は新しい学習指導要領にも確認できることを示しました。最後に簡潔に具体的な英語教育への提案をまとめます。

　まず WE のアプローチからです。インプット，アウトプット，評価者の多様性を認めましょう。インプットとして，リスニング・テストの音声にさまざまな英語を含めます。カチュルの示す外円や拡大円の国・地域出身の ALT に吹き込みをお願いしたり，動画配信サイトなどを活用するとよいでしょう。次にアウトプットとして，スピーキング・テストでは「ネイティブらしさ」ではなく，「通じやすさ」で評価します。リーディングとライティングについてはここでは触れませんでしたが，同様に多様性を積極的に評価するテスト方式も取り入れましょう（たとえばインド人によるヒンドゥー教についての英文テキストをリーディング・テストに用いたり，ライティング・テストでは，起承転結などの文章構成を高く評価することなどが考えられます（日野，2005））。そして可能であれば，評価者は L1 英語使用者のみではなく，さまざまな L2 英語使用者を含めます。ALT の出身はどこであろうと問題ありません。ALT がトレーニングを受けた「プロ」の英語教師であれば，パフォーマンス・テストの評価の補助をお願いするとよいでしょう。

　次に ELF のアプローチによる提案ですが，さまざまな言語文化的背景を持つ人たちとの ELF のコミュニケーションにおける課題の達成度，方略的能力，調整力を評価しましょう。2019 年 4 月の「出入国管理及び難民認定法（入管法）」の改正により，これから外国にルーツを持つ児童・生徒の数の増加が予想されます。愛知県のある地域では，すでに日本人よりも外国人児童のほうが多数派の小学校もあります。そのような多言語・多文化の教室は真の ELF 環境であり，調整力や方略的能力が求められます。さらに，それらの評価ができる理想の環境です。また日本語母語話者しかいないクラスでも，異なる能力層のペアでパフォーマンス・テストを行うことにより，ELF コミュニケーションにおける調整力と方略的能力を評価することができます。ELF コミュニケーションでは，英語力が高い人だけでなく，低い人とのやりとりに対応する

力が求められます。

■実践への応用

　方略的能力や調整力，そしてその背景にある言語態度の評価には，授業内で継続的に観察するのがよいでしょう。次ページの表 2 は，Kouv-dou ＆ Tsagari（2018）のコミュニケーション・ストラテジーのチェック・リストを，日本の英語科教育のコンテクストをふまえて，私が改変したものです。このリストを持ち，ペアやグループ活動の際，学生のコミュニケーション・ストラテジーの使用や態度をチェックすることができます。いわゆる「正しい」英語を評価することの重要性を否定するわけではありませんが，さまざまな方法でいかにコミュニケーションを円滑にしているか，どれほどコミュニケーションに意欲的に参加しているかを複眼的に，折に評価することも重要です。授業内の主体的な英語使用を促すというプラスの波及効果も期待できます。

　すでに触れたように，世界的な言語テストの主流においても，正確さを重視する伝統的なテストから，課題の成否に焦点を当てるパフォーマンス・テストが取り入れられつつあります。また簡易的な質問紙による自己評価，他者評価，ポートフォリオなど，多様な評価方法が考えられています。国際英語における評価は議論が続けられてきましたが，評価においては伝統的な「ネイティブ」の規範の認識が強く，未だ開発途上の領域です（Harding ＆ McNamara, 2018）。しかし，ELF コミュニケーションにおける社会的現状は，これからなお一層テストに影響を及ぼしていくでしょう。英語学習者が今後直面する国際的な英語使用の現実を無視することはできないのです（Matsuda, 2019）。

（藤原康弘）

表2：コミュニケーション・ストラテジーの
チェックリスト（S1＝生徒1）

	S1	S2	S3	....
1. 繰り返しを求める				
2. 明確化を求める				
3. 自分の言ったことを繰り返す				
4. 相手の言ったことを繰り返す				
5. 自分の間違いを言い直す				
6. 相手の間違いを言い直す				
7. 理解を確認する				
8. 自分の言ったことを明確化する				
9. 言い換える				
10. ジェスチャーを用いる				
11. 簡単な語句を用いる				
12. 簡単な文法を用いる				
13. 英語以外の言語を用いる／母語を用いる				
14. よく使用される動詞を多用する 　　（e.g., do, have, take）				
15. 三人称単数現在を無視して発話する				
16. 前置詞を無視して発話する				
17. 冠詞を無視して発話する				
18. 関係代名詞の違いを無視して発話する				
19. イディオム表現を使用しない				
20. 相手の英語に合わせる				

<table>
<tr><td rowspan="2">第9章</td><td>「国際共通語としての英語」の指導</td></tr>
<tr><td>——発想の転換を試みる</td></tr>
</table>

<table>
<tr><td>キーワード</td><td>□英語教材　　　□無意識的解釈　　　□言語文化観
□語用論的能力　□言語形式　　　　□発話行為
□コミュニケーション・ストラテジー</td></tr>
<tr><td>概　要</td><td>以下のポイントについて解説します。
・指導に当たっての心構えを意識する
・言語形式（文法）の語用論的指導を目指す
・コミュニケーション・ストラテジーの必要性を説く</td></tr>
</table>

【物は考えよう?!】

　コップに水が半分入っている状態を「半分もある」と表現するか，「半分しかない」と表現するかによって，発話者の心理状態が違うことが分かります。ポジティブな見方とネガティブな見方によって，自分がどのように物事を進めていくかのストラテジーも変わってくるし，それによって成り行き自体も違う方向に進みそうです。また，ことばの選択ひとつが自分と社会のつながりを左右します。たとえば，「デブ」と「ふくよか」のどちらを使うかで，ちょっと大げさですが，人間関係を良好にすることもあれば壊すこともあります。では，ここまでの話で何がポイントかと言えば，発想の転換です。なぜ，指導と発想の転換なのか。それは以下の理由です。

　より効果的な指導や授業運営の改善のため，さまざまなアプローチが理論的枠組みから生まれてきました。これらのアプローチは現場で実践され，その効果も報告されています。ところが，効果があるはずのアプローチやアクティビティが上手く行かないこともあります。その場合，「やっぱりこれもダメか」と拙速な結論をだすのではなく，「なぜ，上手くいかなかったのか」を考える必要があります。このとき，これまでとは違う見方をしてみると新たな道筋が見えてくるでしょう。さらに，私たちはたいてい同じ方法で物事に対処しようとします。ポジティブに言

えば効率がいいからですが，ネガティブに言うなら思考停止の状態でもできるからです。指導にも同じようなことが起こっているかもしれません。

そこで，本章ではこうした状態から脱却するヒントとして，指導を考えるときの心構え，語用論，コミュニケーション・ストラテジー，の順に執筆者3名が具体例を用いながら解説していきます。

1 社会言語学からみた「国際共通語としての英語」の指導上の心構え ——豊かな言語文化観を持った英語教師になるために

1.1 指導上の心構え

本書はここまで，「国際共通語としての英語」の立場から英語教育のあり方を問い直す視点を提供してきました。その中で，私が主に扱ってきたのは，英語帝国主義論やコミュニケーション論でした。これらはいずれも私の専門領域である社会言語学による学術的貢献の多い分野です。各章の末尾には，それぞれ実践への応用例を挙げていますが，ここでは社会言語学的な立場から見た英語指導のあり方について考えていきます。結論から言うと，英語の社会言語的な事実について，自らの暗黙の了解を問い直し続けること，これが指導上の心構えとなります。

学術専門誌『社会言語学』によれば，社会言語学の使命は「ある人が意識する／意識しないを問わず，言語に対してとる態度がどのような意味をもつものであるのかという問題を徹底的に追求しようとする」ことです（「創刊の辞」より）。私たちの多くは，言語そのものや言語の使用に対して，何かしらの知識や態度を持っています。たとえば，「大阪弁は面白い」とか「〇〇語は難しい」などです。このような言語に対する態度の中には，学術的に見て「正しい」ものもあるかもしれません。しかし，事実に反していたり，科学的に検証されていない「思い込み」に過ぎないことも少なくありません。たとえば，次の5つについてはどうでしょうか。

● 英語は英語で教えるのが一番良い。
● 理想的な英語の教師は英語母語話者である。
● 英語は早期に学べば学ぶほど，より良い結果が得られる。

● 英語を使って学べば学ぶほど，より良い結果が得られる。
● 英語以外の言語を使うと，その分英語力が落ちる。

　上述の５つは，英語帝国主義論を展開しているデンマークの言語学者フィリプソン（Robert Phillipson）が挙げたものです。彼によると，これらはいずれも科学的根拠にもとづいたものではなく，人びとが無意識のうちに信じてしまいがちな項目です（Phillipson, 1992）。もちろん，上記のいずれもが絶対的に間違っているというわけではありません。たとえば，４歳からピアノを習っている子どもと，小学校に入ってから習い始めた子どもとを比較した場合，ある時期には前者のほうがより上手にピアノを弾くという結果が得られるかもしれません。しかし，数年経ってみると異なる結果が得られる可能性もあります。前者の子どもがピアノを辞めてしまい，後者の子どもが根気強く続けることもあるでしょう。後者の子どもが才能に恵まれている可能性もあります。他の項目についても言えますが，いずれもが絶対的な真実として立証できないものばかりなのです。したがって，私たちはこのような「信念」があてはまらない可能性を常に忘れてはなりません。自らの信念だけで学習者を指導することは，その指導と相性のいい学習者には効果があるかもしれません。しかし，そうでない場合には，私たち英語教師自身が学習者の英語力が伸びるという可能性を奪ってしまいます。

1.2　英語教材の無意識的解釈
　私たちは，これまでの人生の中で，物事に対するものの見方や価値観などを半ば無意識のうちに形成しています。これを社会化／文化化といいます。社会化／文化化の中で得られた考え方や価値観などの総体は「既存のデザイン要素」と呼ばれています（第７章参照）。中でも，言語や文化についての価値観のことを**言語文化観**と呼びます。学校教育における英語教育は，英語という言語とそれに関わる文化について扱うものです。言語文化を扱う上で，単なる知識を紹介するだけであれば，学習者に言語文化に関するステレオタイプや偏見を植えつけてしまう危うさがあります。英語教師には，学習者の言語文化観を狭めるのではなく，ゆさぶり，豊かにする責務があります（仲，2002, 2008, 2012a）。
　私たちの言語文化観は，さまざまなところで無意識に働いています。

たとえば，「英語のモデルは英語のネイティブ・スピーカー」という信念を持っている場合，英語教科書の朗読のお手本として ALT に発音させたり，あるいは音声教材に頼ってしまうことがあるかもしれません。学習者に対して，「国際共通語としての英語だから，日本人として堂々と英語を話そう」と言いながら，そのモデルとしてネイティブ・スピーカーの音声ばかりを示していては，説得力がありません。

　また，コミュニケーション活動を作るうえで「目的・場面・状況」を重視するよう推奨されています。そのこと自体に問題はありませんが，日本人が日本にいて英語を使わなければならない必然性は少ないはずです。しかし，学習者に英語を使わせる必然性を求めるあまり，無理のある場面・状況を想定する授業を，私はたくさん見てきました。英語を公用語としない日本において，コミュニケーションが通じなくて困るのは，日本の主流言語を使えない側です。ところが，「外国人が困っているから英語で」という設定をあまりにも多く見かけるのです。もちろん，外国人の中には非英語圏の人も多いですし，英語を使えない人もいます。それにも関わらず，英語だけが唯一の共通語という姿勢であっては，適切な「おもてなし」とはいえません。仮に英語を使う場合であっても，さまざまな英語を尊重し，用いる姿勢を持つことが必要です。

　このように，私たちの言語文化観は授業を構想するうえでも，授業中の発言においても，無意識的のうちに生徒に伝わってしまいます。そのため，英語教師には自らの言語文化観をゆさぶり，さまざまな視点から見つめ直す姿勢が求められます。

1.3　英語教科書に見る言語文化観

　中学校や高校で用いられている検定教科書は，いずれも複数の現場や大学の教員が時間をかけて構想し，執筆したものです。だからといって，そこで書かれている内容を鵜呑みにし，無批判に受け入れるわけにはいきません。英語教科書は，語彙数や扱う文法項目，そして英文の長さなどに制約があります。そのため，事実に反していなくても，情報に多少偏りがあったり，さまざまな解釈が生じ得る記述があることもあります。学習者の異文化コミュニケーション能力を育むには，批判的な洞察力や，未知の情報と既知の情報とを比較する力も含まれます（第7章参照）。したがって，授業を構想する英語教師にも，英語教科書の内容

に対して，こうした対峙の仕方が求められます。

　次に英語教科書が示す言語文化観について見ていきましょう。私は博士論文において，戦後日本の中学校英語検定教科書を分析しました（仲，2005）。現在の英語教科書は，かつてと比べると多様な国・地域の社会文化を扱っています。また，さまざまな言語文化を背景にした登場人物が設定されています。そのような登場人物が，英語を使って分かり合う姿が描かれているのです。異言語話者間における英語でのコミュニケーション，つまり国際共通語としての英語の理念が反映されているといえます。ただし，実社会においてはすべての異文化間コミュニケーションが英語だけで行われているわけではありませんので，英語帝国主義に陥らないよう留意する必要があります（第1章参照）。

　また，教科書には音声教材も用意されています。インドやシンガポールなどの登場人物が，アメリカ英語を用いるといった姿が描かれていることもあります（藤原，2017: 53-55）。非英語圏の登場人物が英米英語を用いる姿は，国際共通語としての英語というよりは，むしろ英語帝国主義の要素が強くなってしまいます。そこで，非英語圏の留学生やALT がいれば彼らを活用し，いないならば日本人英語教師自らが音声のモデルとして学習者にお手本を示すべきでしょう。『学習指導要領』には，教材の内容について「多様な考え方に対する理解」や「公正な判断力を養」うことが明記されています（文部科学省，2017a: 138）。後者の「公正な判断力」を育成するためには，英語の多様性や英語帝国主義に関する知識は不可欠といえます。

　他方，前者の「多様な考え方に対する理解」についても配慮しなければなりません。英語教科書は，さまざまな社会的な話題を扱っており（同: 129），人権や環境問題をはじめ，多岐にわたる題材が掲載されています。ところが，既存の社会構造を問い直すための視点が提供されることはほとんどなく，むしろ再生産する内容が多いのです（仲，2018b）。

　実例をいくつか取り上げておきます。ある中学3年生用の教科書では，第2次世界大戦中，ヒトラーによるユダヤ人迫害に対し，リトアニアの日本領事館領事代理であった杉原千畝を取り上げています。彼は，国外逃亡を希望するユダヤ人たちにビザの発行を決意しました。戦後，杉原は日本に帰国し，ユダヤ人生存者と再会を果たします。2139枚のビザを発行し，6000人もの人命を救った，という内容です。もち

ろん，危険を冒し，多くのユダヤ人の命を救った杉原の行為は讃えられるべきでしょう。また，その英雄的な描写により，学習者の興味をひこうとする意図も理解できます。ただし同時に，ドラマティックに描かれることにより，ユダヤ人差別の克服という，今尚続く問題の根の深さに学習者が気づきにくくなる点には留意しなければなりません。

　障害者を題材にする教科書もあります。問題はその扱われ方です。たとえばある中学3年生用の教科書では，パラリンピックに3回連続で出場した陸上選手・佐藤真海さんへのインタビューが取り上げられています。佐藤さんは大学生時代に左足を失いましたが，スポーツが希望をもたらしてくれたという感動的なメッセージが込められています。

　もちろん，佐藤真海さんの努力は素晴らしいものです。その結果が称賛されるべきものであることに異論はありません。しかし，「障害を克服する個人の努力を過度に期待し，偉大な業績の達成を過度に称賛することは，社会的な差別構造を隠蔽し『障害は個人の努力で克服できるものであるし，またそうすべきものである』といった強者の論理につながりかねない」（仲・大谷，2007: 138）のです。努力したくても努力できない多くの障害者たちの現状を覆い隠し，場合によっては「努力をしていない障害者は努力不足である」という偏見を生み出しかねません。

　ここではわずかな事例しか挙げられませんでしたが，英語教科書の内容を無批判に受け入れることで，学習者の物事をみる視点を狭めてしまう可能性をお分かりいただけたのではないでしょうか。英語教育を通じて，異質な他者と英語を用いて分かり合う姿を学習者が身につけることを期待するのであれば，社会的な話題に対する多様なものの見方に気づくことができるような指導が求められます。

　以上のように，英語教師は言語文化に対して批判的な視点を持ち，授業の構想や言動に留意する必要があります。また，語彙や文法などの言語材料だけではなく，題材の内容についても吟味することが望ましいでしょう。

（仲　潔）

2　英語に丁寧語はない?!──自己と他者の関係性から考える言語運用

　私の授業を履修している学生から "English is very direct." "English

does not have polite forms." というコメントをよく聞きます。彼ら
の英語力はかなり高いほうですが[1]，上述のコメントは語用論的知識
（場面に相応しい言語形式を選択し使用できる知識）の欠如を示唆していま
す。現在では，教室でさまざまなアクティビティやタスクが取り入れら
れ，英語コミュニケーションを促すための工夫がされている一方で，文
法などの言語知識に偏っているという見方が未だに強いようです。コミ
ュニケーションには言語知識が不可欠であることは言うまでもありませ
んが，語用論的知識も必要不可欠です。本節では，言語形式とその運用
について語用論の面から論じ，指導へとつなげていきます。

2.1　語用論的能力

　コミュニケーションの場面で私たちはいろいろなことに配慮しなが
ら，ことばを選択しています。同じ内容であっても，どのように伝える
かは，相手の年齢や立場，その場の雰囲気に応じて，直接的な表現をあ
えて使ったり，あるいは遠回しな言い方をしたりして，表現を使い分け
ています。つまり，社会における自己と他者の関係が私たちの言語使用
に大きく関わっているのです。母語が何語であっても，社会と言語の関
わりは，人間社会で普遍的な現象です。

　一方，私たちは，自分が生まれ育った言語コミュニティで母語を獲得
していきますが，その過程で言語使用を通して，そのコミュニティで共
有されている文化的価値，世界観，モノの見方も身につけていきます。
したがって，言語に付随する，そうした社会文化的側面は，言語コミュ
ニティによって違ってきます。つまり，人間関係に配慮するのは普遍的
ですが，それをどのように伝えるかは文化によって異なるのです。この
点が第6章で紹介した日本人とアメリカ人のコミュニケーション・ス
タイルの相違に関係しています。

　こうした社会文化的事象と関連付けて人間の言語使用のメカニズムを
解明しようとするのが語用論です。私たちは，依頼したい時，謝罪する
時，苦情を言う時，それぞれに相応しい表現を選択します。そして，相
手はこちらの発話内容を理解したうえで何らかの反応をします。語用論

1　TOEIC の平均点が 700 点以上ですので，世間一般の基準からすれば高いのかもしれま
　せん。しかし，TOEIC の点数をもって英語力が高いと言えるかは，別の議論になりま
　すので，ここではその問題には触れません。

ではこうした**言語形式**によって遂行される行為を**発話行為**と言います。ひとつの発話行為は複数の言語形式によって遂行されます。たとえば、謝罪をする場合、「すみませんでした」といった直接表現に加え、「そんなつもりはなかったんです」「これからはもっと注意します」といった表現を用います。また、同じ発話行為でも状況や相手との関係等を考慮して応しい言語形式を選択します。先ほどの謝罪の相手が友だちであれば、「ごめん」、会社の上司であれば、「申し訳ございませんでした」という表現を選択するでしょう。つまり、豊かな文法知識を持っていても、また、文法的に正しい文が作れても、場面に応じた適切な表現でなければ、発話行為を的確に遂行することはできないのです。このようなことばの選択ができるためには、**語用論的能力**が必要です。石原＆コーエン（2015）は、これを「社会文化的規範についての知識や理解、そしてそうしたものを応用し、他者とのコミュニケーションにおいて運用できる能力」（p. 2）と定義しています。そして、コミュニケーションと言えば、話しことばに特化する傾向がありますが、語用論的能力は聞く、話す、読む、書くのすべてに関わっています。

2.2　発話行為と言語形式

　場面に応じた適切な表現をするために、私たちは、いつ、誰に向かって、何をどのように伝えるかを判断しなければなりません。たとえば、「この人ははっきり言われないと分からないから、直接的な言い方をしよう」、反対に「はっきり言うと、角が立つからそれとなく言おう」、そして時には「相手が傷つくから、今は黙っておこう」といった決定をします。つまり、私たちはインタラクションする相手によって、ことばの使い方を変えています。石原・コーエン（2015）は、適切なことばの選択には以下の 3 つの要素が関わっていると述べています[2]。

- ・社会的立場（S）：話し手・書き手と聞き手・読み手の相対的な社会的立場
- ・距離（D）：社会的・心理的距離（話し手・書き手と聞き手・読み手の親疎の感覚）

2　Brown & Levinson(1987) が提案した Power, Distance, Imposition を改訂したものです。S = social status, D = (social/psychological) distance, I = imposition

・ことの重大さ（I）：内容の深刻さ（依頼する内容の負担の大きさや謝
　罪する事態の重大さ）

　状況を見定めてこれらの要素が調整されて，ことばの丁寧度，直接・
間接度，フォーマリティー（どのくらいかしこまっているか，くだけてい
るか）を決定します。結果，その決定をもとに適切な表現が選択されま
す。したがって，同じ発話場面でも言い方はさまざまです。石原・コー
エンは，あいさつ，ほめることとほめられた時の返答，依頼，断り，感
謝とそれに対する返答，謝罪など異なる発話場面でどのようなストラテ
ジーが使われるかを具体例とともに紹介しています。さまざまな言語話
者から発話データが集められ比較されているので，ELF の視点からもと
ても興味深く有益です。
　たとえば，英語の依頼表現ですが，直接的な表現から間接的なものま
で主に 3 通りに分けられています（表 1 参照）。直接型は命令文のよう
に明確なので，聞き手は依頼されているとすぐ分かります。一方，非慣
用的間接表現は定型ではないので，その場の状況で聞き手が依頼されて
いると解釈する必要があります。

表 1：直接度の度合いによる依頼表現の分類

直接的依頼表現	・Clean up the kitchen. ・You'll have to clean up the kitchen.
慣用的間接依頼表現	・How about cleaning up? ・Could you clean up the kitchen, please?
非慣用的間接依頼表現	・You have left the kitchen in a total mess. ・I'm planning on using the kitchen this evening.

　いずれの表現も文法指導で取り上げる形式ですが，語用論的ことばの
使い方を知らないと状況に応じて適切なものが選択できません。とくに
依頼の場合，相手に負担をかけるわけですから慎重にことばを選びま
す。そのため，個々の表現は単独で用いられるより，その前後にも適切
な表現を加えて一連の流れを作ります。石原・コーエンは，英語，フラ
ンス語（カナダ），デンマーク語，ドイツ語，ヘブライ語，日本語，ロ

シア語のデータを分析した結果，これらの言語では依頼表現が３つの部分から構成されていると報告しています。まず，相手の注意をひく表現（呼びかけなど）で発話行為を始め，中核となる依頼表現が続きます。その前後に補助的表現が用いられます。たとえば，私は依頼をしたい時，必ず「忙しい？」や「今，ちょっと時間ある？」などの補助的表現で始めます。こうした語用論的知識は，次節で解説されるコミュニケーション・ストラテジーを駆使する基盤として必要不可欠なものです。

2.3　電子メールに見る語用論的知識

　IT 技術の飛躍的な進歩によって，時間と空間を超えたやりとりが可能になりました。電子メールを始め，Zoom や Moodle などを使ったオンライン・コミュニケーションは，今や日常生活では不可欠な存在になっています。その中で，海外の人びととのやりとりには英語が使われることが多く，そのため英語を使う機会が増えています。こうした背景から，共通語として英語が果たす役割はますます大きくなっています。音声と映像を使った遠隔地にいる相手との話しことばによるコミュニケーションが増えていますが，一方で，時間を気にしなくてよい，多くの人に送れる，添付ファイルが送れる等の利便性から書きことばを使う電子メールも日常的に使われています。

　しかし，話しことばとは異なり，書きことばを媒体とする電子メールでは，すぐに理解を確認したり繰り返しを求めたりできないため，結果として誤解が生じたり相手の気分を害したりする危険性があります。だからこそ，相手に失礼にならないようにさまざまな配慮をする必要があります。その配慮ができるか否かは語用論的能力に関わります。先にも触れましたが，この能力には，コミュニティで共有されている社会文化的規範が大きな関わりを持ちます。したがって，外国語の場合，自分の母語とは異なる社会文化的規範が存在することは否めません。その意味で，英語学習においても，英語の語用論的知識を身につける必要があるでしょう（ただしネイティブが使う表現を覚えるという意味ではありません）。

　本節の冒頭で大学生の語用論的知識の不足を示唆するコメントを紹介しました。それでは，実際に既習した言語形式（言語知識）をどの程度言語運用に生かせるのでしょうか。この疑問に答えるため，私は，大学生が実際に書いた電子メールを分析して彼らの語用論的知識について調

べました。その結果を以下に報告します（Shibata, 2019）。ただし，紙面の都合上，ポイントだけおさえて解説します。

　まず，大学1年生に下の4つの場面についてメールを書いて送ってもらいました。場面①と場面②は大学教授への依頼メール，場面③と場面④は友だちへの依頼メールです。先ほどの石原・コーエンの3つの要素を用いて，これらの状況を視覚的に表すと，次ページの図1のようになります。大学教員は社会的地位が高く，距離がある存在です。一方，友だちの場合，自分と同等の立場で社会的地位は高くありませんが，距離が近い（親しい）関係です。依頼内容はさほど負荷が大きい用件ではないでしょう。

＊場面①

　来週の月曜日，朝9時に柴田先生の研究室に行きたいという趣旨のメールを出してください。研究室に行く理由は，課題のやり方がよく分からないので，直接会って説明を聞きたいからです。日時と理由を含めたメールを柴田先生に送ってください。

＊場面②

　月曜日の朝，激しい雨が降っていました。いつもの時間にバス停に行くと，雨のためにバスに乗る人がいつもよりたくさん並んでいました。案の定，いつも乗るバスは満員で乗れませんでした。次のバスで大学へ行くと，柴田先生との約束に間に合いません。遅れる趣旨のメールを柴田先生に送ってください。

＊場面③

　言語学の課題が出ましたが，よく分からないので，授業を一緒に取っている友だちのジョンに手伝ってもらおうと思います。来週の月曜日，朝9時に図書館の前で待ち合わせをしたいというメールを送ってください。

＊場面④

　月曜日の朝，激しい雨が降っていました。いつもの時間にバス停に行くと，雨のためにバスに乗る人がいつもよりたくさん並んでいました。案の定，いつも乗るバスは満員で乗れませんでした。次のバスで大学へ行くと，ジョンとの約束に間に合いません。遅れる趣旨のメールをジョンに送ってください。

大学教授に依頼する場合①②			友だちに依頼する場合③④		
S（大学教員の）社会的地位			S（友だちの）社会的地位		
低	◄━━━━━✖►━━	高	低	◄━━✖━━━━━►	高
D 距離			D 距離		
親	◄━━━━✖━━━►	疎	親	◄✖━━━━━━━►	疎
I 依頼の大きさ			I 依頼の大きさ		
小	◄✖━━━━━━━►	大	弱	◄✖━━━━━━━►	強

図1：言語行動を決める3つの要素[3]

　さて，これらを基準に適切な表現を選択することになります。ところが，実際に書かれたメール，とくに大学教員に対する依頼メールは，大学生の語用論的ことばの使い方に問題がありました。書き出しもさまざまで，Hello, Good morning などのあいさつがあり，Ms., Mrs., Prof (essor), -teacher が続きます。中にはあいさつも呼びかけもなく，突然用件を始めるメールもありました。研究室を訪れてよいかの許可を求める表現には I want to, I would like to, Can I, Could I の形式，返信の依頼には以下のような文言が使われていました[4]。

⑴　I will go to there at 9:00 on next Monday. Please think about it.

⑵　I want to know what time do you feel convinient to do it. Please send an e-mail for me.

⑶　If you have time, please tell me by sending an e-mail.

⑷　If you are busy on that day, please tell me when you have a time.

⑸　If you are not OK, please tell me.

⑹　Please check your schedule.

⑺　Do you have any time on next Monday at 9 am? I wait for your reply.

　⑴から⑹は please こそついていますが，いずれも直接的です。中には⑺のように一方的な物言いもあり，大学教授を不快にさせ即座に断られそうです。

3　石原・コーエン（前掲, p. 28）に基づいて作成した図です。

4　原文通り記載しているので，スペリングの誤りもそのままです。

友だちへの依頼メールを見てみると，大学教授へのメールで使われている表現とあまり大差が見られませんでした。図1からすると，両者に対しては異なる表現が選択されるべきですが，今回の調査から，参加した大学生が表現に差異をつけられないことが分かりました。しかし，これは彼らが語用論的概念を持っていないということではありません。相手によって表現を変えなければならないという認識は，後日実施した下のアンケートの回答が示しています。

1. 柴田先生へのメールとJohnへのメールではどちらが易しかったか。
2. 柴田先生へのメールを書くとき，気をつけた点あるいは意識した点。
3. Johnへのメールを書くとき，気をつけた点あるいは意識した点。
4. 柴田先生へのメールを書くとき，難しいと思ったところ。
5. Johnへのメールを書くとき，難しいと思ったところ。

　大学教授へのメールについては「失礼がないように気をつけた」「want to を would like to に変えた」「敬語や丁寧な表現を使うようにした」とコメントすると同時に，困難な点として大半が「丁寧な表現を知らない」「丁寧な表現が分からない」「自分で丁寧に書いたつもりでも，その判断ができない」と回答していました。さらに，形式だけでなく「書き始めと書き終わりが分からなかった」「どのように用件を説明したらよいかが分からない」といった全体の構成に関するコメントもありました。その一方で，友だちへのメールが決して易しかったわけではありませんでした。「堅い表現は避ける」「軽すぎるのも不適切」といった趣旨のコメントが多く，どのような表現がどの程度フレンドリーなのかが判断できず，やはり友だちといっても苦戦したようです。

2.4　語用論的指導を目指す

　今回の調査から，大学生が語用論的側面からことばの使用を意識していることが分かります。しかし，実際の言語形式の選択には苦労しているようです。「国際共通語としての英語」という視点からこのギャップに取り組むためには，文法知識に特化した指導では不十分で，明示的な

語用論的指導が不可欠です。表現の骨格となる文法は，相手との関係性を考慮してこそ，本領を発揮できるのです。

依頼行為に用いられる Could you や Would you などの表現は中学校で学習します。could と would は can と will の過去形ですが，一般的に英語では過去形が丁寧な表現とされています[5]。日本人に限らず英語学習者の多くは，please さえ付加すれば丁寧な依頼表現になると思っているようですが，たとえ please をつけても命令形が続くわけですから，相手に断る選択の余地を与えない点で十分に丁寧とは言えません。

また，依頼行為を遂行するためには Could you や Would you の使用だけでは不十分です。中学校の教科書に記載されているモデル会話では，依頼文のみが出てきますが，実際の依頼行為は複数の文から構成されます。通常，私たちは他人に依頼をする場合，唐突に依頼文から始めることはありません。たとえば，「今，少しよろしいですか」と相手の都合を聞き，「実は，今…。」のように背景を説明したうえで，依頼文へとつなげていきます。このことは，発話行為を遂行するためには，こちらの意図を理路整然と説明する必要性を示唆します。これらの点を踏まえ，「Would you〜＝〜していただけませんか」の言語形式と意味の結びつきだけを文法項目として教えるのではなく，依頼の発話行為に必要不可欠な表現として位置付け，さらに発話行為遂行のために必要な他の表現（言語形式）も加えることで，授業のねらいを語用論的指導へと転換できます。

語用論研究では，言語データを収集する際，談話完成タスク（Discourse Completion Task, DCT）という手法がよく使われます。これは，研究の参加者に特定の状況を描写したシナリオを読んでもらって，その状況で発話するであろうことを記述，あるいは口頭で言ってもらうものです[6]。上述した私の研究で用いたシナリオがその一例です。

5　文法の指南本には，助動詞の過去形を仮定法過去の用法から考えて，過去形と丁寧さのつながりを説明しているものがあります（関，2008；畠山 2011 等）。仮定ですので，「もしできれば」という前提があり，「でも，（私の依頼したことが）現実世界において実行できなくても構いませんよ」という発話者の心遣いが隠されていると解釈します。つまり，相手にできるだけ負担をかけないようにしようという配慮が過去形に現れているのです。日本語でも，「もしできればでよくて，もちろん無理なら大丈夫だから」という表現を用いて相手に無理強いしない態度を表すことがあります。

この談話完成タスクは，教室での語用論的指導を行う際にも使えます。手順としては，依頼，感謝，謝罪，断りなど異なる発話行為からひとつを選んで，シナリオを作成します。そして，学習者にシナリオに適した発話を英語で記述してもらいます。ペア，グループで作業してもいいでしょう。その後，クラス全体で比較し，議論してみます。記述された発話例を見れば，教師は学習者の語用論的知識の程度を知ることができ，より効果的な指導法へとつなげることができます。また，学習者自身にとっても自らの言語知識と実際の言語運用とのギャップに気づくチャンスです。

　本節では，語用論的な視点から形式を位置づけた指導を提案しましたが，言語形式に焦点をあてた指導（つまり文法指導）をないがしろにするものではありません。語用論的な面から言語運用を指導するためには，ある程度の文法知識が備わっていないと言語形式の選択ができませんので，言語形式と意味の指導は必要です。場面に応じた適切な表現を選択するためには，引き出しがたくさんあったほうがいいのは言うまでもありません。いくつもある引き出しから，状況に応じて必要なもの（言語形式）を引き出す練習を繰り返して行うことで，語用論的知識が構築されていきます。そして語用論的知識の構築は，形式は知っているのに使えないという悩みを解決してくれるはずです。

（柴田美紀）

3　ELF におけるコミュニケーション・ストラテジーの指導
──さまざまな対話者とのやりとりのために

3.1　「国際共通語としての英語」（ELF）とコミュニケーション・ストラテジー（CS）

　第8章で示したように，「国際共通語としての英語」の評価では，母語話者規範に基づく文法的な正確さよりも，コミュニケーションにおける効果的な方略の使用が重視されています（Canagarajah, 2007; Harding & MacNamara, 2018; McNamara, 2018; Kouvdou & Tsagari,

---

6　詳細は石原・コーエン（2015）を参照してください。いくつものシナリオや具体例，その評価法も紹介しています。また，同じ発話行為を言語文化的背景が異なる人びとが英語でどのように伝えるかについても実際の言語データを比較，解説しています。

2018)。もちろん文法的な正確さは大切です。しかしながら第二言語習得研究の知見をふまえれば明らかなように，いわゆる「正しい」言語知識の獲得と「正しい」言語運用の自動化には，膨大な時間と労力がかかります。日本の多くの英語学習者は限界のある語彙，文法，語用の知識と能力で，さまざまな英語話者とコミュニケーションを行わざるを得ません。したがって，方略的能力の指導，つまり**コミュニケーション・ストラテジー**（communication strategy, CS）の指導に重点を置くことは理に適っていると思います。

　なお CS 指導の是非については，議論は分かれています（総括は岩井，2000; 阿川・清水，2013）。否定の意見を簡潔にまとめれば，CS は普遍的なものであり，母語の使用ですでに身につけた方略的能力は第二言語にも転移するため，授業で新たに指導する必要はないという考え方です。肯定の意見は，CS を指導することにより，コミュニケーションをとろうとする態度が向上し，言語習得の機会を得ることによって，コミュニケーション能力を伸ばすことができるという考え方です。Takatsuka（1996）は，CS の多くは母語習得や使用の過程で習得済みかもしれないが，第二言語を使用する際にどのように言語化するかを知らないため，CS と言語の形式を合わせて指導することに意義があると主張しています。また Iwai（1999）は母語話者間と非母語話者間の英語のやりとりを調査した結果，前者と後者のやりとりの違いを鑑み，第二言語教育における CS の重要性を述べています。これらの理由から，私は日本のような限定的な授業時間と使用機会の地域こそ，CS 指導を重点的に行うべきと考えています（藤原，2020a）。

3.2　ELF 研究による CS の分類

　ELF の CS 研究は，初期の SLA の CS 研究と同様，まずは CS の特徴を描写し分類を試みています（e.g., Björkman, 2014）。Sato ら（2019）は，ELF の CS 研究を網羅的にレビューし，SLA の CS 分類例（Dörnyei & Scott, 1997）に記載のもの（次ページ表 2），未記載のもの（次ページ表 3）に分けて紹介しています。以下は Sato ら（2019）のまとめた ELF の CS 一覧です。なお説明と例は，他の研究（Iwai, 1999; Seidlhofer, 2009; 阿川・清水 , 2013; Björkman, 2014; Cogo & House, 2018）も参考にしています。

表 2 ：ELF 研究の CS（SLA 研究と重複するもの）

CS	説明	例
Literal translation	知らない，または忘れた語(句)などの代わりに，他言語から直訳して表現する	toe の代わりに foot finger という
Code switching	知らない，または忘れた語(句)などの代わりに，他言語を使用する	lid の代わりに「ふた」と言う
Self-repair	自分の発話を訂正する	The weather get … be … gets better.
Other-repair	対話者の発話を訂正する	because our tip went wrong … という発言に Oh, you mean the tap. と言う
Self-rephrasing	自分の発話に情報を補足して言い換える	I don't know the material …. What it's made of …
Over-explicitness	通常，求められるよりも多くの語を用いる	
Mime	知らない，または忘れた語(句)などをジェスチャーなどの非言語の手段で伝える	Everybody applauds を表現するために，everybody says と言った後，拍手をする
Use of fillers	間を埋めるために，フィラーを用いる	well, you know, actually …
Self-repetition	自分の発話後，すぐに発話の一部を繰り返す	Ah yes, slides slides because he used the Swedish word slides slides.
Asking for repetition	対話者に対して繰り返しを依頼する	Pardon? Could you say that again, please?
Asking for clarification	対話者の発話内容の明確化を求める	What do you mean by ～?

Asking for confirmation	自分が相手の発話内容などを理解できているか，確認する	Did you say ...? Do you mean ~?
Guessing	発話の内容や展開を推測して話す	
Comprehension check	自分が言ったことが相手に理解されたか確認する	Am I making sense? Do you know what X is?
Response		
repeat	対話者の修正を繰り返す	
repair	対話者のフィードバックを受けて，自己の発話を修正する	
rephrase	対話者が理解できない語(句)などを言い換える	
expand	対話者が理解できない語(句)などを別の大きな文脈で捉えなおす	

表3：ELF 研究の CS（ELF 研究で新たに見いだされたもの）

CS	説明	例
Represent/Echoing	対話者の発話を繰り返す	If erm things like Nigerian English, Indian English which is a sort of variety in itself, it should be respected. という発言に should be respected. と言う
Lexical anticipation/ Lexical suggestion	対話者の言いたい語(句)を予測して言う	the most of, the most of Chinese in foreign countries, they speak not Mandarin in they don't speak Mandarin

		but can only these erm という発言に dialects？ という
Participant para-phrase	対話者の発話を，別の対話者が分かるように言い換える	
Listener support	相槌 (backchannelling) をして，理解を示す	yeah, uh-huh, mm-hm, um-hm
Joint achievement for keeping the talk go-ing	対話者の立場を支持する	
Let it pass	対話者の理解できない発話を流す	
Online idiomatizing	対話者とのやりとりで一時的なイディオムを共同でつくる	endangered species という表現をうけて endangered program, endangered field と言う
Receptive and pro-ductive convergence	対話者の非標準な発音，語(句)などを受け入れて，やりとりに活用する	

3.3　ELF における CS の指導

　では，どのような CS の指導が行えるのかを，藤原（2020a）に基づき，紹介します。

1)　Represent／Echoing

　中学校・高校の初級レベルでは，ペア・ワークの際，すぐに適切な返答が出てこないことも多いでしょう。ですので，やりとりの際にはなるべく相手の発話の一部，または全部を繰り返して言うように指導するのも一案です。Cogo ＆ House（2018: 213）は represent（相手の発話の繰り返し）には次の効果があると述べています。

　　a）話者の理解と発話におけるワーキング・メモリ（情報を一時的に
　　　保持し処理する記憶）を活性化する。

b）話者と対話者の間で使用表現が体系的に構築されて共有されることで，やりとりが首尾一貫する。

c）メッセージの受領や理解の確認の意図を示す。

d）コミュニケーションを客観的に捉えることで，話者と対話者のトークに対する意識を高める。

　上述のように，かなり多様な機能があります。私の授業視察の経験では，実際にこのように指導している教員もいらっしゃいます。また，これまでの研究で示されてきたように，世界の ELF のやりとりで represent が多用されていることをふまえても，優先して指導すべき CS のひとつと考えてよいでしょう。

2） Paraphrasing / Self-rephrasing

　上で述べたように，日本のほとんどの英語学習者は限界のある語彙，文法，語用の知識と能力で，英語でコミュニケーションを行わざるを得ません。言いたい語や表現が出てこないため，言い換えざるを得ないことは日常茶飯事でしょう。これまでも行われていると思いますが，授業のウォームアップに未知語を提示して，言い換える活動はおすすめです。ペアを A と B に分けて，クイズ形式などにすると盛り上がるでしょう。たとえば中学生に"遺伝"（heredity）という単語を，自分の知っている表現でペアに伝える活動です。"My mother is a good singer, and I can sing a song well. My father is tall, and I'm tall, too. They give me something." と述べ，相手に何を言いたいかを当てさせる活動です。

　このように，自身が知らない／分からない，またはとっさに言えない表現を言い換える（paraphrase）能力は，自分が話す内容を相手の知識や能力に合わせて調整する能力にもつながります。たとえば，相手が"female"という単語が分からないと判断した場合に，"people like women, girls"などと言い換えます。世界の ELF 使用者は必ずしも英語が堪能というわけではありません。McNamara（2018）は，ELF では「自分よりも能力が高いものだけでなく低いものとのコミュニケーションに対応できる能力」を評価すべきだと述べています。その意味では学校にさまざまな能力層がいるクラスは，相手に合わせる調整力を養う

場となるでしょう。

　この他にも上の表 2，3 に示したさまざまな CS の指導が可能です。限られた知識と技能でいかにコミュニケーションを図るかの方略をひと通り知り，練習しておくことは大切です。CS 使用によってなんとか課題達成したという成功体験を積み重ねることで，彼らの第二言語を使用する動機づけや自信につながります。そしてインプット，インタラクション，アウトプットの機会を多く得ることによって，コミュニケーション能力の向上が期待できるでしょう。

（藤原康弘）

<table>
<tr><td rowspan="2">第 10 章</td><td>グローバル人材の言語力</td></tr>
<tr><td>——多様化する社会が求める「ことば」の様相を考える</td></tr>
</table>

キーワード	□反グローバル性　　□言語道具論 □意味交渉　　　　　□言語マイノリティー □批判的内省力
概　要	・英語教育に内在する反グローバルな視点を問い直します。 ・コミュニケーションの場面に着目することで，「グローバル人材」の言語力に迫ります。 ・内なるグローバル化が進む日本社会で言語の多様性を尊重する言語観について論じます。

【国家プロジェクトのグローバル人材育成】

　日本がグローバル人材育成を目指す背景には，1980 年代に経済的発展が行き詰まりになった日本がグローバル経済において衰退するのではないかという危惧があります。したがって，日本がグローバル社会においてそのプレゼンスを示すためには，グローバル人材の育成が不可欠であり，それは国家プロジェクトなのです。グローバル人材とは，豊かな語学力・コミュニケーション能力や異文化体験を身につけ，国際的に活躍できる人を想定しています[1]。語学力とうたっていますが，英語を指すことは暗黙の了解です。グローバル人材育成の責務は英語教育にゆだねられてきました。そして，今後ますます英語が国際共通語として広がっていくことを考えれば，英語教育に一層期待がかかります。ところが，このような責任重大な任務にも関わらず，グローバル人材と言語の関わりについて，その本質が問われることはありませんでした。このふたつの概念は，多様な側面（意思疎通の道具的役割，社会的・政治的影響力，自己表現の手段など）を持つ言語をどう捉えるかによって解釈が異なってきます。この点を踏まえ，最終章では，3 名の執筆者各々が，

---

1 『グローバル人材育成戦略』(2012)

「グローバル人材の言語力」という見解が生む矛盾，グローバル人材という想像上の英語使用者と英語使用の現実，内なるグローバル化から生じる言語的力関係について議論します。

1 英語科教育の反グローバル性
──「グローバル」と「英語」への思い込みを問い直そう

1.1 求められる言語教育観の問い直し

　本章の主題は，「グローバル人材の言語力」であり，その副題は「多様化する社会が求める『ことば』の様相を考える」です。主題から判断すれば，「言語力」について集中的に述べるべきであるとは認識しています。しかしながら，本書のいくつかの部分において触れてきたように，「コミュニケーション」全般から見た場合に「言語」に焦点を絞り過ぎることは，言語至上主義あるいは，あべ（2011）のことばを借りれば「言語への不変の崇拝」（同: 73）に陥るという問題があります。そこで私としては，副題の方に重きを置き，より広い視野から，国際共通語としての英語教育を考える契機を与えられればと思います。

　ここでの私の懸念を端的に述べておきましょう。それは，現状の学校教育における英語教育では，学習者が言語や文化を偏った見方から価値判断を下してしまいかねないことです。また，日本に在住する外国人児童・生徒に「日本人」になることを強要する同化主義に陥ってしまう危うさがあることです。

　議論に移る前に，「言語教育」を考えるうえで，私が前提にしていることを簡潔に述べておきます。まず，「言語」についてですが，砂野（2006）が述べるように，言語は「社会的なもの以外ではあり得ない」（同: 278）ものです。つまり，「言語について語ることは，ある政治的立場を表明すること」（同）とも言えます。言語は「客観的」なものではなく，人為的にその「正しさ」が創り上げられたものなのです。一方，「教育」について考えるうえでは，広田（2004）が指摘するように，「未だ十分に練り上げられていない社会構想も含め，多様な可能性」（同: 99）を念頭におく必要があると考えています。このような立場に立つ時，現状の英語教育に問題があるのは明らかでしょう。というのも，英語教育では「グローバル社会」の存在はもちろん，そのグローバ

ル社会においては「英語」を使いこなすことが必須条件であるという前提で，英語教育政策が「改革」されているからです。

　以下，私の立場から見た「グローバル人材の言語力」の問題点を論じていきます。

1.2　コミュニケーション能力観の反グローバル性

　グローバル社会そのものがどのようなものであるのかは問わないとして，少なくとも言えることは，言語の異なる者同士がコミュニケーションをする機会がある，という社会的事実です。もちろん，それは人によって頻度が違いますし，そのような機会を望む者もいれば，望まない者もいるでしょう。それについてはここではおくとして，問題視したいのは，「言語」が「コミュニケーションの道具」という単純な捉えられ方をしていることです。これは，**言語道具論**と呼ばれることがあります。もちろん，コミュニケーションにおいて，言語が情報を伝達するという働きがあることは間違いありません。ただし，言語のこのような道具的な側面が強調され過ぎることにより，言語が持つ他の機能が軽視されてしまう危険性があります。

　そもそも，言語道具論は，「客観的なよそおいをとって示される…煽動家にとって欠かせない道具」（田中，1989: 136-138）です。板場（2001）も指摘するように，言語道具論は科学的見地からは「一種の人間機械論」（同: 191）とみなされるものです。これらの指摘に従えば，「英語＝道具」として技能の習熟にのみ徹した教育では，学習者はその道具の習得を強要されることになってしまいます。そしてその習熟度が測定の対象となるのですから，学習者は教師に従順なロボットとして，「道具としての英語」を受動的に身につける機能体となってしまいます。ところが，実際の人間はロボットのようには機能しませんし，言語がコミュニケーションにおいて機械的に機能するわけでもありません。そうであるならば，言語道具論にもとづいた英語教育は，社会における言語の働きを単純化し過ぎているだけではなく，学習者を主体性の伴わない機械として捉えることになってしまいます（仲，2008）。

　言語道具論においては，コミュニケーションで用いられる言語は，目的を達成するための手段です。そのような教育観のもとでは，学習者は英語を使って何かしらの目的を達成することが求められます。学習者が

目的を達成できるのだから良いではないか，と考える読者もいるかもしれませんが，だからといって問題がないというわけではありません。たとえば，中学校向け検定英語教科書には，学習者が自らの目的を達成すれば対話が終わるという登場人物の描写があります。少し例を挙げておきましょう。平成24（2012）年度版のある中学1年生用の教科書では，給食で，見たことのない食べ物を見た留学生が，それが何かを尋ねる場面があり，その返答で会話が終わっていました。平成28（2016）年度版では，この題材はなくなり「やりとり」が行われる題材が増えました。他方で，平成28（2016）年度版の別の中学1年生用教科書では，留学生が自分の知りたいことをクラスメートに尋ね，答えを聞いて"I see."だけで終わっています。このように，発話をする側が知りたいことをことばにし，その情報を得ることができれば会話が終わってしまう本文はいまだに見られます。これらはほんの一例ですが，自己に都合がよく，自らの目的を達成さえすれば他者への関心をほとんど示さないと見られるような描かれ方があります（仲・岩男，2017）。

　本来，人間は常に目的を持ってコミュニケーションを図るわけではありません。他者を目的達成のための相手としてのみ捉え続けることで，コミュニケーションの本質のひとつである対人関係の構築から逸脱する危うさがあるのです。たとえば，あなたの話し相手が，あなたに一方的に情報の提供を求めたり，相手が自分の目的を達成したらただちに会話をやめて立ち去ったりする，という状況を想像してみてください。どうでしょうか。おそらく，良好な人間関係の構築は難しいのではないでしょうか。

　また，目的達成型のコミュニケーション能力観にもとづき，その習熟度が評価の対象となることにより，非目的型のコミュニケーション・スタイルを「劣ったもの」とみなす態度の育成にもつながりかねません。言うまでもなく，世界のすべての地域で目的達成型のコミュニケーションが重視されているわけではありません。コミュニケーション・スタイルに対しても優劣を感じてしまうならば，たとえ英語が話せるようになっても，それは多様な価値観が錯綜するグローバルな世界では，反グローバルな姿勢であるとみなされかねません。

　もうひとつ，別の角度から。コミュニケーションにおいては，可能な限り対等な立場で行われることが望ましいのですが，英語教師自身が英

語の ALT に劣等感を持ってしまいかねない状況があります。以下で触れる「グローバル化に対応した英語教育改革実施計画」において，「ALT 等が単独で授業を実施可能に」という提言をし，それが次第に教育現場に実行されつつあります。通常，教師になるためには大学において教職関係の数多くの単位を取得し，教育実習や介護体験などを経てようやく得られる教員免許が必要です。ところが，英語を母語とする ALT にはそれらは必要ありません。もちろん，中には熱心な ALT もいます。しかし，どんなに熱心でも，また，せっかく英語を教える資格を持っている場合であっても期限つきの雇用しかなく，まともに取り扱ってもらえないという問題もあります。どちらの場合であっても，不平等であることには変わりません（藤原・仲，2018）。

　このように，「対等なコミュニケーションの態度」の育成が困難な状況が，教育現場にもたらされているわけです。これでは，母語話者を過度に敬ったり，その逆にコンプレックスを抱いたりして接する態度が身についてしまいかねません。そうなると，さまざまな英語を対等な英語とみなし，他者と分かりあうための手段としての「国際共通語としての英語」の理念とは離れていってしまいます。

1.3　英語教育観の反グローバル性

　2013 年 12 月 13 日に提示された「グローバル化に対応した英語教育改革実施計画」において，高等学校では 2009 年度から導入されていた「授業を英語で行うことを基本とする」ことが，中学校段階にも求められるようになりました。もちろん，授業が英語で行われれば，学習者の英語に触れる機会が増えるわけですから，英語の習得において効果的であると考えることもできます。ところが，学習者の母語を使用する方が効果的であるという報告もあります（たとえば，白井，2012）。また，久保田（2014）によれば，世界の言語教育の主流は母語の有効活用へと移行しつつあり，「授業は英語で」方式は「ガラパゴス的」な教授法であるという批判もあります。

　他方で，国際共通語としての英語という立場からすれば，日本人の英語教師が英語を使う姿を学習者に示すことは好意的に捉えられることもあるでしょう。小中高の教育現場に英語の ALT がいるならば，ALT は必ずしも英米の出身ではありませんので，さまざまな英語に触れる機会

になる可能性もあります。ただしその場合，「言語の異なる者同士のコミュニケーションは英語」という見方を学習者が持たないような配慮が必要です。さもなければ，第 1 章で言及した英語帝国主義の歴史的袋小路へと陥ってしまうからです。このように，「授業は英語で」については，良い面もあれば悪い面もあります。無批判に「オール・イングリッシュ」を推進することは，反グローバルな姿勢につながると考えられます（鳥飼，2017）。

1.4　アイデンティティ／価値観の画一性という反グローバル性

　これは英語教育に限った話ではないのですが，各教科に道徳教育との連携を求めることが，学習指導要領に明記されています。先にふれた「グローバル化に対応した英語教育改革実施計画」では，「国際社会に生きる日本人としての自覚を育むため，日本人としてのアイデンティティを育成する」とあります。つまり，英語教育における道徳教育という点からは，「日本人のアイデンティティ」が求められていることになります。また，道徳教育そのものが評価の対象となったため，「既成の価値観を押しつけるにとどまっている」（小川，2013: 201）という道徳教育の問題は次の世代に一層，強化された形で引き継がれてしまいます。科目としての道徳を評価するということは，道徳的な「模範解答」に導く指導の構成が進んだりすることが懸念されます（同: 14-15）。「日本人のアイデンティティ」という概念が，日本に在住するすべての小中高生に極めて曖昧なまま求められているのです。

　英語教育は本来，その対象が異言語・異文化です。したがって，さまざまな地域や人びととの価値観や言語文化観を知り，自らのそれを問い直す契機となり得る場である，と私自身は考えています。ところが，英語の教科書を分析すると，既成の価値観を問い直す視点はほとんどなく，むしろ再生産するものがこれまでは主流でした（仲，2018b）。上述の道徳教育の話と切り離せない問題であるでしょう。つまり，現状を批判的に考え直し，新たな価値観を創出するのではなく，現状に従順な「日本人」を生み出しかねません。

　もし「グローバル社会」において英語を用いてコミュニケーションをするのであれば，その場は，さまざまな言語文化を背景に持つ者同士の対話の場です。そこには，物事を多角的に見て，自己の価値観だけで判

断しないような姿勢が求められるはずです。ところが，英語教育がそのような態度の育成をせず，ただ「英語を使えるようにする」ことだけを目指すのであれば，やはり「英語の使える反グローバル人材」の育成になってしまうのではないでしょうか。このような姿勢は，学習指導要領・道徳編に明記されている「論理的・批判的精神をもって自ら考え，社会に参画」（p. 48）できる学習者を育成しようとする目的とは外れてしまいます。

　なお，中学校学習指導要領の道徳編には，「日本人として」という文言が 22 回登場します。グローバルな場面というのは，異質性／異種混交性が前提です。ところが，英語教育が「日本人として」のアイデンティティにこだわり続け，既成の価値観を問い直す態度の育成を視野に入れないのであれば，同質性／均質性のための教育となってしまいます。この点においても，英語教育の反グローバル性を垣間見ることができます。

1.5　反グローバルな英語教育を超えて

　世界の数多くの国々では，異言語教育は小学校の段階から多言語です。たとえばフィンランドをはじめとした欧州の国々では，小学校の 1 年生から 2 つ，3 つの異言語を学習することは当たり前です。また，スリランカのようなアジアの国でも，同様です。それに対し，日本はいまだに英語一辺倒です。その意味で，英語教育の内容以前に，外国語教育制度そのものが反グローバルであるとさえ言えます。

　このような制度的な反グローバル性は，学習者に英語とそれ以外の言語との間に階層性を想起させやすくなると考えます。同時に，多様性への寛容な姿勢を育むことは期待できなくなってしまいます。その上，本節で論じたように，英語教育には，既成の価値観を踏襲する言語教育観が隠れています。

　そもそもグローバルな社会というのは，その実態は定かではありません。しかしながら，少なくとも言えるのは，人はさまざまな価値観を有しており，そのような人びとが英語を使って対話をする場面・状況があるということです。そうした状況下，「道具」としての英語だけを身につけても，なかなかうまくいかないのではないでしょうか。以上から，これまでの英語教育は，英語のできる反グローバル人材を育成しようと

してきたともとらえられます。あるいは，アメリカ合衆国を模範とし，アメリカ的な言語文化を身につけることをよしとする未来社会を教育は描いているのでしょうか。「グローバル社会」という得体の知れないものに真摯に向き合った英語教育観を構築していく必要があると考えます。

(仲　潔)

2　グローバル社会におけるコミュニケーションとは
──具体的な状況から考えよう

2.1　「グローバル人材」とは？

　みなさんは「グローバル人材」と聞いて，どのような人を思い描きますか。野球，テニスやスケートなどで世界的に活躍するアスリートですか。それともノーベル賞を受賞した文学者や科学者ですか。または世界中を飛び回るビジネスマンやジャーナリストでしょうか。はたまた英語などの外国語が堪能な歌手や芸能人かもしれません。

　では次に「グローバル人材」の特徴は何でしょう。考えてみるとなかなか難しいものです。以前，内閣が設置した「グローバル人材育成推進会議」(2012) の定義はこちらです。

要素Ⅰ：語学力・コミュニケーション能力
要素Ⅱ：主体性・積極性，チャレンジ精神，協調性・柔軟性，責任感・使命感
要素Ⅲ：異文化に対する理解と日本人としてのアイデンティティ

　要素ⅠとⅢが，本章のテーマである「グローバル人材」の言語力に直接的に関わりそうです[2]。しかし「グローバル人材」としての「語学力・コミュニケーション能力」，「異文化に対する理解」とはいかなるものでしょうか。語学力とはそもそも何語の力なのでしょう。文化間コミュニケーションの相手は誰でしょうか。ここでは，まずこの抽象的な人材像や能力観について考えてみたいと思います。

　2　第8章で示したように，要素Ⅱも間接的に関わると思われます。

2.2 「グローバル人材」の「コミュニケーション能力」

　上述の「グローバル人材育成推進会議」は，グローバル人材に求められる外国語を英語とみなし，英語教育の改善を強く訴えています。一方，久保田（2018）はアジアの非英語圏，とくに中国，韓国，タイに駐在経験のある日本人社員に現地でインタビュー調査をした結果，英語の有用性は想像よりも限定的なもので，現地語や日本語を使用してビジネスを行う場合も多いと指摘しています。さらに「グローバル人材育成教育学会」会長の勝又（2019）は，新聞記者として世界各地を飛び回った経験を振り返り，英語の重要性を認めつつも，日本人の現地駐在員の多くは「英語は苦手，片言で通じればいい」，「現地語である程度，意思疎通ができれば十分」というレベルだったと述べ，「グローバルに活躍できる人に英語は必要条件でも十分条件でもない」（p. 40）と結論づけています。「グローバル人材」に求められる語学力，コミュニケーション能力は単純に「高い英語力」というわけではなさそうです。

　では，コミュニケーション能力はどう捉えればよいのでしょうか。第6章にその捉え方の変遷がまとめられています。ハイムズ，カナルとスウェイン，バックマン，村野井，柳瀬，柴田らのモデルが紹介されています。そちらをお読みいただければ，「コミュニケーション能力」といってもさまざまな構成要素が考えられることが分かります。

　文法能力，社会的言語能力などの構成要素に分割するモデル化によって，教育関係者で育成する人間像を共有することができます。それは大変大きなメリットです。一方，「コミュニケーション」は相当に複雑な事象です。そのモデル構築において，理想化，抽象化，単純化のプロセスは避けられません（中村，2018）。またコミュニケーション能力は個人内で捉えられないという指摘もあります（貴戸，2011；仲，2017b）。ある状況では高いコミュニケーション力を発揮できる人であっても，状況が変わるとその力を十分発揮できないことは往々にしてあります。本書を通じて指摘されているように，コミュニケーションの本質は会話・対話参加者の**意味交渉**を通しての協働作業です。コミュニケーションがなされる具体的なコンテクストを視野に入れる必要があります。

　近年，コンテクストを重視する談話研究では，コミュニケーション能力を個人内のものと捉えず，個人間のインタラクションの中に見出す能力観が注目されつつあります（Culpeper et al., 2018）。ある具体的な

状況下でダイナミックに生まれる「能力」を「インタラクション能力」
(Hall, 1993; Young, 2011) と呼んでいます。分かりやすく言えば，上
述の個人のコミュニケーション能力をベースとしつつ，相互のインタラ
クション内で常に交渉しながら（されながら），意味を共同構築する（さ
れる）能力観です。この会話・対話者や状況によって能力は変わる，と
いう視座をふまえると，「高い語学力」＝「高いコミュニケーション能
力」ではないことがよく分かるでしょう。

　以上をふまえて，本節では抽象的で理想化されたモデルを追い求める
のではなく，具体的なコミュニケーションの場面で相互に意味交渉され
る様子（事後的な観察者も含める）に着目することで，「グローバル人材」
の言語力というテーマに迫ってみたいと思います。

2.3　「グローバル人材」のコミュニケーション
——トランプ氏とマクロン氏の事例から

　まずアメリカ大統領のトランプ氏の記者会見をみてみましょう。氏は
疑いの余地なく大変「グローバル」に活躍されています。2018 年 11
月 7 日のホワイトハウスでの記者会見のことです。トランプ大統領
（T）は日本人記者（R）から日本語アクセントの英語で質問を受けまし
た。

R：Mr. President, can you tell us how you focus on the economic ....

T：**Where are you from, please？**

R：Japan.

T：Okay. Say hello to Shinzo.

R：Yes.

T：I'm sure he's happy about tariffs on his cars. Go ahead.

R：That's my question actually. So, how you focus on the trade and
economic issues with Japan. Will you ask Japan to do more, or will
you change the tone？

T：**I, I don't, I really don't understand you.**

　同記者会見で，氏はこの日本人記者だけでなく，他の記者たちがやは
り非母語話者アクセントの英語で質問した時も「何を言っているのか分

からん」と再三言いました。さらに，ニューヨーク市，ブルックリン区出身の記者が"Mr. President, I'm from Brooklyn, so you understand me."と述べた際，氏は"I understand you very well."と返答したのです。この一連の発言が「人種差別」，「侮辱」だと日米のメディアは一斉にトランプ氏を非難しました。政策と直接的に関係のない批判を受ける，という意味で，コミュニケーションに失敗しています。この記者会見は動画配信サイトで確認できますので，ぜひご覧ください。

　このやりとりや報道，SNS の反応をみて，「グローバルなコミュニケーションにおいて，非母語話者のさまざまな英語への対応力は必須」，とあらためて思いました。第一言語が第二言語に影響するのは，至極自然なことです。英語がグローバルに使用されるのであれば，さまざまな英語は避けて通れません。そして，当然ながら，コミュニケーションは双方に責任があります。つまり，その英語が分からないのは，分からない（あるいは分かろうとしない）方にも責任があるのです。双方の歩み寄りが不可欠です[3]。

　次にフランス大統領のマクロン氏（M）とオーストラリアのターンブル元首相（T）のやりとりをみてみましょう。両氏とも，トランプ氏と同じく，「グローバル」に活躍しています。2018 年 5 月 2 日，マクロン氏はオーストラリア，シドニーでのターンブル氏による歓待に対し，共同記者会見で謝辞を述べます。もちろん仏語アクセントの英語です。

M：... I want to thank you for your welcome — thank you, and **your delicious wife**, for your warm welcome ....（中略）
T：Thank you, thank you very much.

　マクロン氏が，ターンブル氏の妻を"your delicious wife"と呼んだことは，当時，世界の多くのメディアに面白おかしく取り上げられました。この記者会見の様子は動画配信サイトや SNS でも共有され，多くの人の話題に上りました。

　ここでみなさん，どう思われますか。「"delicious wife"（美味しい奥

3　この出来事についてはウェブ記事（藤原，2018b）に詳しくまとめていますので，そちらもご一読ください。

様）っておいおい，そりゃないでしょ（笑）」と思われるでしょうか。私はその発言を自身の知識や観点からのみ判断する人は，「グローバル」ではないと考えます。世界は広いです。世界にはさまざまな言語があり，相互に影響を与え続けています。ある一面からのみ，自分自身の観点からのみ，事象を理解する方向性は，やはり「反グローバル」でしょう。

　私はこの表現を聞いた時に，すぐにインターネットで英語の"delicious"の語源を調べました。するとフランス語の"délicieux"が関係していることが分かりました。英語史上，食事関係の単語はフランス語由来のものが多いことはよく知られています。beef, mutton, pork, café, restaurant, menu, chefなどなど，事例は山ほどあります。delicious も仏語経由だとしても驚くことではありません。次に仏日辞書で"délicieux"を調べました。そうすると，すべての辞書に"femme délicieuse"の事例が掲載されており，「魅力的な」「素晴らしい」「感じのいい」女性という訳語が与えられていることを発見しました。つまりフランス語の"délicieux"は英語の"delicious"と"delighted"の両方の意味があり，典型的な表現の1つとして「感じのいい女性」があります。そう考えれば，このマクロン氏の"thank you, and your delicious wife"という発言は「あなたの素晴らしい奥方」という表現を仏語のエッセンスを込めて英語で述べた，とても記憶に残る「おいしい」フレーズだと言えるでしょう。

　この後，ターンブル氏はどのように対応したか。彼は報道記者のリポートに対して，笑顔で以下のコメントを残しています。Lucy は彼の"delicious wife"です。

> T: Lucy was very flattered. Very flattered and she's asked me to say that she found the President's compliment as charming as it was memorable.

　このことは母語話者の言語規範を逸脱することが必ずしも問題とならない好例と言えるでしょう。母語話者，非母語話者に関わらず，私たちは状況をふまえて「ことば」を交わし，お互いのやりとりで意味を作り上げるのです。

2.4 単一ではなく複数の視点による意味の共同構築へ

　本節では，具体的なコミュニケーションの場面での「反グローバル」な考え方や行動を紹介することで，グローバル人材の言語力の理解を試みました。ポイントは「グローバル人材」は，前節の仲も指摘するように，少なくとも自分の単一の尺度で物事を判断したり，押し付けたりする人ではないということです。自分の理解できないもの，異質なものに直面した際に，判断を留保して，忍耐強くインタラクションを行い，意味を共同で構築する。この観点はこれからの「グローバル人材」にとって重要な要素のひとつと思います。

（藤原康弘）

3　多言語・多文化社会での批判的内省力
——言語力に気づく

3.1　内なるグローバル化がもたらす言語マイノリティー

　グローバル社会とは海の向こうだけで起こっているというイメージかもしれません。しかし，時間と空間を超え，ヒト，モノ，情報が高速で行き来しているのは，海外の出来事ではありません。日本国内にもグローバル化の波は押し寄せています。2018年12月25日に日本政府が，2019年4月から5年間で約34万人の外国人労働者受け入れを決定したニュースは，日本がますますグローバル社会へと発展していくと示唆します。そして，海外からの留学生や研究者を増やすために，EMI (English-medium instruction: 英語を媒体にして行う授業) の実施が奨励されています。この「内なるグローバル化」によって，地域社会に居住する外国人の数は確実に増えており，今後ますます増えると予測できます。

　地域社会で母語／母国語と文化が違う人びとが共生するためには，コミュニケーションが不可欠です。しかし，相手が日本語をほとんど解さない場合，何語を使えばよいのでしょうか。海外から日本へ移住するのは，英語が分かる人ばかりではありません。厚生労働省の2013年度「外国人雇用状況」によると，最も多いのは中国からの労働者で，ブラジル，フィリピン，ベトナムが続きます。

　Kubota & McKay (2009) はブラジル，中国，ペルー，韓国，タイ

からの労働者が増えている地方都市（住人約16万人）で，アンケート調査とインタビューを行いました。回答を分析すると，日本人住民は外国人労働者に対して肯定的である一方で，英語を話す白人が「国際的」であり，ことばが通じない場合は英語を使用すべきだという意見もありました。また，外国語学習とは英語学習と同義で，日本人住民たちは総じて英語以外の言語には無関心でした。さらに，非英語母語話者の外国人には英語学習を求める回答もありました。この調査結果をふまえ，非英語母語話者の労働者が増えているにも関わらず，語学学習と言えば英語に特化しており，日本人の言語的多様性の理解が英語偏重である点を指摘しています。

　日本でも英語以外の言語を母語あるいは母国語とする外国人住人が増えていますが，言語教育や言語政策で彼らの言語については見過ごされています。今後「内なるグローバル化」が進むにつれ，皮肉にも「日本語母語話者」対「非日本母語話者」という二分化が生まれ，かつ英語を母国語としない外国人たちは「非英語母語話者」と分類され，二重の非母語話者として見なされてしまうでしょう。こうした二者択一による言語使用者の区別（差別）は**言語マイノリティー**を生み，言語による不平等や不公平につながる危険性は否めません。

3.2　外国語学習がもたらす言語差別

　日本社会が直面している少子高齢化問題を，外国人労働者の受け入れで解決しようとするならば，同時に彼らが住民として，日本人住民と同様の権利が保障されるべきです。言語保障はそのひとつで，外国人住民が自分の母語で社会サービスを受けられるのが最も理想的です。しかし，すべての外国語に対応できるわけではないので，多言語サービスには限界があります。したがって，彼らの社会生活に支障が生じないよう，日本語学習の権利を保障し，その場を提供する必要があるでしょう（米勢，2006）[4]。同様に，あるいはそれ以上に必要なことは，彼らが母語を使う権利や子孫へ継承していく権利も保障されることです（山田，2010）。

4　ただし，日本語母語話者の日本語が「正しい」という価値観を押し付けない意識と配慮が肝要です。

国籍，人種を問わず，個人の言語に関わる権利「言語権」が保障され
ない社会には，言語差別が生まれます。「ブス」「めくら」などの差別用
語は，相手を蔑み否定的差別を意図して使われる表現なので，特定の語
彙を差別用語として使用禁止にすることが可能です。しかし，言語差別
は特定の語彙による差別ではないため，明確な基準がありません。たと
えば，観光地に日本語と英語の案内があっても，いずれの言語も解さな
い観光客は言語弱者になり，これも言語差別になります。言語理解がで
きないため，公平に恩恵を授受できないからです。非英語母語話者に対
する，"You sound like a native speaker." や "I thought you are
from the States because of your good English." といった，英語母
語話者を基準としたコメントにも，言語的力関係が潜んでいます[5]。

　また，ネイティブ英語を正誤の判断基準にすると，この英語から逸脱
している，非英語母語話者の創造的言語使用は「誤り」として訂正され
ます。ネイティブを標準とする価値観によって，外国語／第二言語学習
は目に見えない言語差別の上に成り立っていると言えます。さらに，第
4章で紹介した城座（2014）が明らかにしたように，数多の著書がネ
イティブ英語を標準にしている前提は言語差別の助長につながります。
こうした言語差別に気づかないと，ネイティブ英語の習得を目指し頑張
っているのに，そのレベルに達しない自身の英語に落胆し，さらなる上
達法を模索するという，負のスパイラルに陥ってしまいます。この現実
から抜け出さない限り，グローバル人材の育成は机上の空論で終わって
しまうでしょう。悪循環から脱するためには，技術的な英語力の向上ば
かりに目を向けるのではなく，英語運用を左右する概念レベルでの議論
と変革が必須です。

3.3　批判的内省力の必要性——言語力への気づきと言語意識

　私たちは日常的に多種多様なものを，無意識にいろいろな範疇に分類
しています。たとえば，年齢によって未成年者，高齢者という分類をし

5　山下（2013）は，類似の例として，中国人の大学院生が初老の日本人女性に，「あな
　たは，本当におしゃれですね。まるで日本人みたい。」と言われた体験を言語差別とし
　て紹介しています。差別的な表現を用いていませんが，女性の発話には，「日本人はお
　しゃれだけれど，中国人はそうではない」という前提があり，この前提から差別性が
　明らかになると説明しています。

ます。大半の分類は社会的・政治的利便性をもたらすという前提による意図的なものだと考えられます。国籍があるのも生得的なものではなく，社会的・政治的に都合が良いからです。つまり，個人が生きている社会で機能している慣習・規範によって私たちは異なる範疇に他者を分類し，かつ他者によって分類されています。一見して都合よく物事を体系化する分類ですが，同時に，差別にもつながることがあります。

　男女差別や人種差別はその観点を指摘しやすいのですが，私たちは日常生活の中で，言語が差別を生んでいる事実に気づくことはほとんどありません。とくに国民の多くが単一言語国家だと思っている日本では，「言語差別」や「言語権」という表現はあまり耳にしません。事実，日本には日本語だけでなく，アイヌ語や琉球諸語，在日コリアンや中国人の人びとが使う言語が存在します（柴田，2020）。さらに，内なるグローバル化に伴い，地域社会では多様な言語を母語あるいは母国語とする外国人が共存しています。つまり，現代の日本は多言語社会なのです。しかし，言語的多様性が日本語と英語を中心に議論される限り，日本社会の複雑な言語事情に注意は向きません。注意が向かなければ，私たちが無意識に行っている言語を基準とした分類が言語差別を生んでいることにも気づかないでしょう。

　社会の言語差別に無頓着のままでは，知らないうちに自らも言語差別に加担している危険性があります。内なるグローバル化が進むのであれば，誰しもが日本国内で「グローバル人材」になり得ます。グローバル人材には協調性と柔軟性が求められますが，言語差別のうえにこれらの資質は育たないでしょう。この意味で，まず自らの言語態度を認識する必要があります。英語母語話者と非英語母語話者の捉え方，両者に対して持つ感情，自らの英語学習の動機，地域社会の外国人に対するステレオタイプ的知識や先入観などを批判的に内省し自覚することは，言語選択と言語の創造的使用にもつながっていきます。対話者の情緒面が言語運用を左右する要因のひとつだからです。

　さらに，言語力（language power）（第6章6節参照），つまり言語が持つ影響力に気づくことも重要です。言語は政治的・社会的権威としても機能することから，特定の言語が優勢になると，その言語の母語話者が優位に立つことになります。この点から，日本国内の日本語優位と英語の偏重が日本社会に言語格差を生み，さまざまな不平等につながって

いると考えられます。こうした言語が持つ力，社会に与える影響力を認識し，国内の言語事情に目を向け，言語差別や言語権について批判的に考える姿勢（批判的内省力）もグローバル人材が備えるべき資質です。

　日本社会は着実に多言語化が進んでおり，日常生活でさまざまな言語を耳にする中で，日本語と英語以外の言語に注意を向ける機会が増えるかもしれません。それによって，これまでは言語やことばに対して無意識であった日本人も，国内の言語事情に気づくことでしょう。「これまで当たり前だと思っていた街中の看板をあらためて言語的多様性から捉えてみる」「英語ネイティブがカチンとくる英語表現は文化間コミュニケーションでは本当に通じないのか」等，これまで意識しなかった言語に関わる事象を注視し，疑問視する言語態度が，内なるグローバル化に対応できるグローバル人材には求められるべきです。さらに，今後ますます言語的に多様化する日本社会では，言語マイノリティーの人びとの言語権を尊重し，言語的に共存しようとする，個人レベルの意識も必須です。

　こうした資質を備えたグローバル人材の涵養は，英語力（特に英語コミュニケーション能力）の向上だけに特化した英語教育では不可能です。社会に生きる自己と社会における言語の役割との関わりをも視野に入れた英語教育，さらには言語教育が求められるのです。

（柴田美紀）

おわりに

　本書を執筆するきっかけは，およそ5年前に遡ります。2014年12月13日に行われた第35回日本「アジア英語」学会でのシンポジウム「グローバル時代の英語教員養成」で，私たち3人は登壇しました[1]。それぞれ「英語の二面性：言語学習と言語運用」（柴田），「目標言語の多様性と英語の多様性への気づき」（藤原），「言語文化観の〈ゆさぶり〉と英語教員育成の試み」（仲）というタイトルでシンポジウムに臨みました。しばらくして，「せっかくだからこのテーマで本を書こう」と話がまとまりました。

　仲は大阪生まれ大阪育ちで，大阪大学において2004年度末に博士号を取得しました。その頃，藤原と先の学会で出会いました。日本で国際英語論の研究を行うことを望んでいた藤原に，大阪大学の日野信行先生を紹介したことがきっかけとなり，藤原も大阪大学で学ぶことになりました。以来，『これからの英語教育について話そう』（藤原康弘・寺沢拓敬・仲潔，2017，ひつじ書房）を執筆するなど，ともに切磋琢磨をしてきました。

　柴田と藤原の出会いは，2014年8月に徳島大学で開催された第40回全国英語教育学会でした。柴田の発表を聞きにきていた藤原が発表後自己紹介をし，2011年の *World Englishes* に掲載された柴田の共著論文を読んだことや日本人英語学習者の言語態度などについて話しました。

　藤原が，柴田と仲を引き合わせ，先に述べたシンポジウムの実施へと至りました。それまで出会っていなかったことが不思議なほどに，意気投合しました。それ以来，本書の内容だけでなく，さまざまな研究や教育について，情報共有するようになりました。

　もともと柴田は第二言語習得分野において文法習得を研究していまし

1　シンポジウムの内容は同学会誌『アジア英語研究』（第17号，pp. 29-92）と『英語教育』（大修館書店，第64巻第6号，pp. 34-39）をご覧ください。

たが，研究の興味がだんだんと学習者心理へとシフトしていきました。とくにアクセントと言語態度に興味を持ち，やがてネイティブありきの言語（英語）観に疑問を持つようになりました。そんな中で，日本の英語教育における若き先駆的研究者仲と藤原に出会えたことは，柴田にとって幸運と呼ぶほかありません。

　仲は，社会言語学の中でもとくに言語の社会性に関心を持っていましたが，次第に英語教育をはじめとする言語教育に内在する権力性を批判的に検討する研究に従事するようになりました。そのため，第二言語習得分野を専門とする柴田と，コーパス言語学の知見を持つ藤原との協働作業は，仲に不足している部分を補って余るものでした。2人との議論から，国際英語論や英語教育はもちろん，元々の関心事である言語の社会性への視野が広がったことは，感謝の念につきません。

　藤原は社会言語学と語用論をふまえた英語教育，および第二言語習得に関心を持っていました。そして研究を行えば行うほど，単一言語主義，ネイティブ至上主義の言語教育観の危険さ，またその日本の公教育上における歪みを感じました。日本の英語教育で何を目的・目標とするか，その疑問は国際英語論の関連分野に向かわせました。藤原は3人が引き合わされたことが必然のように感じており，本書はこの3人でなければ実現しなかったものと確信しています。

　2019年1月には，広島大学において再びシンポジウムを開催することができました。聴講してくださった広島大学の研究者や大学院生からは，鋭く，かつ興味深いコメント・質疑を数多くいただきました。それにより，本書における議論が深まる契機を得たとともに，本書を刊行する意義を再確認しました。というのも，「国際共通語としての英語」という概念が，いかに世間の関心を惹きつけているのかを知るとともに，多少なりとも誤解されて受け止められていることも知ることになったからです。

　柴田は広島大学で教鞭をとっていますが，愛知県の出身です。岡山出身の藤原は愛知県で，大阪出身の仲は岐阜で教員養成に携わっています。3人の出身はバラバラですが，同じ東海地区にゆかりがあり，しばしば本書の打ち合わせをする機会を設けることができました。日本語の変種という点では，それぞれ異なる背景を持つ3人ですが，その言語

的特徴よりも，3人で議論する内容に皆が集中していました。本書は英語の多様性を念頭に置いた英語教育の解体書です。私たちの日本語の変種の違いの話と同様に，国際英語論においても言語的特徴以上に伝える・伝わる内容が重要です。言語の「正しさ」は，英語試験においては大切になるかもしれませんし，そのことを学ぶことを否定するつもりはありません。しかし，いくら言語という器を磨いても，肝心なのは伝えるメッセージです。

　議論を重ねる度に，本書の構想がより具体的になることもありましたが，執筆内容を考え直さざるをえないこともありました。3人の執筆者の学術的背景が異なるため，仕方のないことです。私たちはお互いの学術的知見を尊重しながら，それぞれが書いた原稿にコメントしあい，何度も推敲を重ねました。異なる言語文化的背景を持つ者同士が，互いに尊重しあい，英語という媒体を用いて対話的に理解しあおうとする「国際共通語としての英語」の理念と，同じ姿勢で本書の執筆を進めたのです。もちろん，各々が研究者ですから，最終的な判断は各自に任せています。共著ですから，可能な限り文体や内容における統一感を目指しましたが，多少の違いがあるのは否めません。しかし，言語文化という現象を多角的に見る視点を提供している，とポジティブに受け止めてくだされば幸いです。

　推敲を重ねる上で，学術的なエビデンスをもとにすることはもちろん，読者にとっての読みやすさも大切にしました。本書の各章が身近なエピソードから始まったり，各章の冒頭に要旨とキーワードが明示されたりしていることが，その一例です。自分の研究領域を読者のみなさんに分かりやすく伝えようと努力をすることで，各々が自身の知識を再整理することができました。

　英語教育は世の中の動きと政治に大きく左右され，現在もそれは変わりません。最近では文部科学省の民間英語試験導入の発表とその撤回が，教育現場や保護者たちに混乱をもたらし，高校生や受験生に多大な心理的負担を与えました。将来的に民間試験を導入し，仮に日本人の「英語力」が向上しても，おそらくそれは「試験における」という限定的なものです。さらに，いわゆる「ネイティブ規範」を重視する現行の試験は画一的な英語の価値観を持った英語使用者を生み出すこととなり，「国際共通語としての英語」を目指す英語教育の理念とは逆行しま

す。実は，英語教育で当たり前のように使われている用語や指導法を改めて考えてみると，こうした政治と現実との間に潜むギャップが見えてきます。この点から，本書が読者のみなさんの英語観，教育観，コミュニケーション観を根本から考え直す契機を届けられることを切に願っています。そして，本書の提示する英語教育観を通じて，自らの英語教育実践を再考する契機としていただければ幸いです。

2020 年 7 月

執筆者一同

参考文献

阿川敏恵・佐藤恵子（2005）「15　コミュニケーション・ストラテジー」JACET　SLA 研究会（編）『文献からみる第二言語習得研究』(pp. 151–160)．開拓社.

阿川敏恵・清水順（2013）「第 13 章　コミュニケーション・ストラテジー」JACET　SLA 研究会（編）『第二言語習得と英語科教育法』(pp. 170–179)．開拓社.

赤野一郎（2014）「第 1 章　コーパス活用のための基礎知識」赤野一郎・堀 正広・投野由紀夫（編）『英語教師のためのコーパス活用ガイド』(pp. 2–9)．大修館書店.

あべ　やすし（2011）「言語という障害─知的障害者を排除するもの」『社会言語学』別冊 I: 61–78.

Alsagoff, L., McKay, S. L., Hu, G., & Renandya, W. A. (2012). *Principles and practices for teaching English as an international language.* Routledge.

Anesa, P. (2018). *Lexical innovation in world Englishes: Cross-fertilization and evolving paradigms*. Routledge.

Aoyama, R., & Fujiwara, Y. (2016). English expressions based on Japanese language and culture for a Japanese pedagogical model in view of English as an international language, *Asian English Studies*, *18*, 43–69.

Bachman, L. (1990). *Fundamental considerations in language testing*. Oxford University Press.

Baker, W. (2011). Intercultural awareness: Modelling an understanding of cultures in intercultural communication through English as a lingua franca. *Language and Intercultural Communication*, *11* (3), 197–214.

Baker, W. (2016). English as an academic lingua franca and intercultural awareness: student mobility in the transcultural university. *Language and Intercultural Communication*, *16*, 437–451.

Berns, M. (1995). English in Europe: Whose language, which culture? *International Journal of Applied Linguistics*, *5*, 21–32.

Björkman, B. (2014) An analysis of polyadic English as a lingua franca (ELF) speech: A communicative strategies framework. *Journal of Pragmatics*, *66*, 122–138.

Brown, P., & Levionson, S. C. (1987). *Politeness: Some universals in language use*. Cambridge University Press.

文化庁（2015）「平成 27 年度「国語に関する世論調査」の結果の概要」 http://www.bunka.go.jp/tokei_hakusho_shuppan/tokeichosa/ kokugo_yoronchosa/pdf/h27_chosa_kekka.pdf

ブルデュー，ピエール（1991）『話すということ』藤原書店.

Byram, M (1997). *Teaching and assessing intercultural communicative competence*. Multilingual Matters.

Canagarajah, S. (1999). *Resisting linguistic imperialism in English teaching*. Oxford University Press.

Canagarajah, S. (2006). Changing communicative needs, revised assessment objectives: Testing English as an international language. *Language Assessment Quarterly*, *3* (3), 229–242.

Canagarajah, S. (2007). Lingua franca English, multilingual communities, and language acquisition. *The Modern Language Journal*, *91* (1), 923–939.

Canale, M. (1983). From Communicative Competence to Communicative Language Pedagogy. In J. C. Richards & R. W. Schmidt (Eds.), *Language and Communication* (pp. 2–27). Routledge.

Canale, M., & Swain, M. (1980). Theoretical bases of communicative approaches to second language teaching and testing. *Applied Linguistics*, *1*, 1–47.

Chiba, R., Matsuura, H., & Yamamoto, A. (1995). Japanese attitudes toward English accents. *World Englishes*, *14* (1), 77–86.

Chomsky, N. (1965). *Aspects of the theory of syntax*. MIT Press.

Cogo, A., & House, J. (2018). The pragmatics of ELF. In J. Jenkins., W. Baker., and M. Dewey (Eds.), *The Routledge Handbook of English as a Lingua Franca* (pp. 210–223). Routledge.

Condon, W. & Hamp-Lyns, L. (1993). Questioning the assumptions about portfolio-based assessment. *College Composition and Communication*, *44*, 176–190.

Cook, H. M. (1999). Language socialization in Japanese elementary schools: Attentive listening and reaction turns. *Journal of Pragmatics*, *31*, 1443–1465.

Cook, V. (1999) Going beyond the native speaker in language teaching. *TESOL Quarterly*, *33*, 185-209.

Cook, V. (2007). The goals of ELT: Reproducing native-speakers or promoting multicompetence among second language users? In J. Cummins & C. Davison (Eds.), *International handbook of English language teaching* (pp. 237-248). Springer.

Council of Europe. (2001). *Common European framework of reference for languages: Learning, teaching, assessment* (3rd ed.). Cambridge University Press.

Council of Europe. (2018). *Common European framework of reference for languages: Learning, teaching, assessment: Companion volume with new descriptors*. Council of Europe. https://rm.coe.int/cefr-companion-volume-with-new-descriptors-2018/1680787989

Coupland N., & Bishop, H. (2007). Ideologised values for British accents. *Journal of Sociolinguistics*, *11*, 74-93.

Crystal, D. (2018). *The Cambridge Encyclopedia of the English Language (3rd ed.)*. Cambridge University Press.

Culpeper, J., Mackey, A., & Taguchi, N. (2018). *Second language pragmatics: From theory to research*. Routledge.

大学入試センター (2019)「大学入学共通テスト英語におけるイギリス英語の使用について」大学入試センター.

Davies, M., & Fuchs, R. (2015). Expanding horizons in the study of World Englishes with the 1.9. billion word Global Web-based English Corpus (GloWbE). *English World-Wide*, *36* (1), 1-28.

Dawson Varughese, E. (2012). *Beyond the postcolonial: World Englishes literature*. Palgrave Macmillan.

Dewaele, J-M. (2018). Why the dichotomy 'L1 versus LX user' is better than 'native versus non-native speaker.' *Applied Linguistics*, *39*, 236-240.

Dörnyei, Z., & Scott, M. L. (1997). Communication strategies in a second language: Definitions and taxonomies. *Language Learning*, *47* (1), 173-210.

Edwards, A. (2017). ICE Age 3: The Expanding Circle. *World Englishes*, *36* (3), 404-426.

榎木薗鉄也 (2012)『インド英語のリスニング』研究社.

ETS. (2014). TOEFL iBT Test Independent SPEAKING Rubrics. https://www.ets.org/s/toefl/pdf/toefl_speaking_rubrics.pdf

Firth, A. (1996). The discursive accomplishment of normality: On 'lingua franca' English and conversation analysis. *Journal of Pragmatics*, *26*, 237–259.

藤本和貴夫・木村健治（編）（1997）『言語文化学概論』大阪大学出版会.

藤原康弘（2014）『国際英語としての「日本英語」のコーパス研究―日本の英語教育の目標』ひつじ書房.

藤原康弘（2016）「「国際英語」としての英語の知識―コーパスから見える World Englishes」『英語教育』*65*（8），50-51.

藤原康弘（2017a）「国際英語から見えてくるもの―国際英語と語彙・文法」『英語教育』*66*（3），64-65.

藤原康弘（2017b）「自律した日本の英語教育へ」藤原康弘・仲潔・寺沢拓敬『これからの英語教育の話をしよう』（pp. 49–94）. ひつじ書房.

藤原康弘（2018a）「国際英語の視点から―非英語圏からの新英語表現」『英語教育』*67*（6），18-19.

藤原康弘（2018b）「国際コミュニケーションのあり方について考えよう」『未草』（ひつじ書房）http://www.hituzi.co.jp/hituzigusa/2018/12/14/letstalk-13/

藤原康弘（2020a）「国際英語（ELF）とコミュニケーション方略（CS）」尾島司郎・藤原康弘（編）『第二言語習得論と英語教育の新展開』（pp. 171–191）. 金星堂.

藤原康弘（2020b）「国際英語の視点からの語彙・文法指導」『KELES ジャーナル』*5*, 42–47.

藤原康弘・仲潔（2018）「リサーチ・リテラシーを高めよう―ある ALT 調査について（後編）」『未草』http://www.hituzi.co.jp/hituzigusa/2018/07/13/letstalk-8/

ガーゲン，ケネス J.・ガーゲン，メアリー　伊藤 守（監訳）二宮美樹（翻訳）（2018）『現実はいつも対話から生まれる』ディスカバー・トゥエンティーワン.

Hall, J. K. (1993). The role of oral practices in the accomplishment of our everyday lives: The sociocultural dimension of interaction with implications for the learning of another language. *Applied Linguistics*, *14*, 145–166.

Harding, L. (2012). Language testing, World Englishes and English as a Lingua Franca: The case for evidence-based change. Invited keynote address, CIP symposium 2012, University of Copenhagen.

Harding, L., & McNamara, T. (2018). Language assessment: The challenge of ELF. In J. Jenkins., W. Baker., and M. Dewey (Eds.), *The Routledge Handbook of English as a Lingua Franca* (pp. 570–582). Routledge.

畠山雄二 (2011)『大学で教える英文法』くろしお出版.

Hato, Y., Kanazawa, K., Mitsunaga, H., & Healy, S. (2018). Developing a computer-based speaking test of English as a lingua franca: Preliminary results and remaining challenges. *Waseda Working Papers in ELF, 7*, 87–99.

日野信行 (1997)「国際英語の概念に基づく英語教育の研究―その体系化への序論」『言語と文化の対話』(pp. 89–101). 英宝社.

日野信行 (1999)「英語教育における『国際英語』研究の課題―国際英語思想史及び言語文化論の視点を中心に」『言語文化研究』*25*, 185–203.

日野信行 (2001)「国際英語の多様性と英語教育」『言語文化研究』*27*, 261–283.

日野信行 (2003a)「〈国際英語〉研究の体系化に向けて―日本の英語教育の視点から」『アジア英語研究』*5*, 5–43.

日野信行 (2003b)「自己表現のための英語ライティング授業の方法」日野信行 (編)『異言語教育の今日的課題』(pp. 23–34). 大阪大学大学院言語文化研究科.

日野信行 (2005)「国際英語と日本の英語教育」小寺茂明・吉田晴世 (編)『英語教育の基礎知識―教科教育法の理論と実践』(pp. 11–34). 大修館書店.

Hino, N. (2018). *EIL education for the expanding circle: A Japanese model*. Routledge.

平田オリザ (2012)『わかりあえないことから―コミュニケーション能力とは何か』講談社現代新書.

広田照幸 (2004)『教育』岩波書店.

Hopper, P. J. (1998). Emergent grammar. In M. Tomasello (Ed.), *The new psychology of language: Cognitive and functional approaches to language structure* (pp. 155–175). Laurence Erlbaum Associations.

フレイレ, パウロ (1979)『被抑圧者の教育学』(小沢有作他訳) 亜紀書房.

フレイレ, パウロ (2011)『被抑圧者の教育学』(三砂ちづる訳) 亜紀書房.

本名信行 (2013)『国際言語としての英語―文化を越えた伝え合い』冨山房

インターナショナル.

本名信行・竹下裕子（編）（2018）『新アジア英語辞典』三修社.

Hymes, D. (1972). On communicative competence. In J.B. Pride and J. Holmes (Eds.), *Sociolinguistics* (pp. 269–292). Penguin.

石原紀子・コーエン，D.　アンドリュー（2015）『多文化理解の語学教育―語用論的指導への招待』研究社.

今村圭介・ロング，ダニエル（2019）『パラオにおける日本語の諸相』ひつじ書房.

板場良久（2001）「言語運用論」石井敏・久米昭元・遠山淳（編）『異文化コミュニケーションの理論―新しいパラダイムを求めて』（pp. 189–200）．有斐閣ブックス.

Ito, H., Iwao, T.,& Naka, K. (2019, July) The Empathy hierarchy in a Reference / target prominent language and a trajector / landmark prominent language," Oral Presentation at Japanese Studies Association of Australia Biennial Conference at Monash University, Australia.

Iwai, C. (1999). Qualitative analysis of interactive communication strategies. *NIDABA*, *28*, 128–137.

岩井千秋（2000）『第二言語使用におけるコミュニケーション方略』渓水社.

Jackson, J. (2014). *Introducing language and intercultural communication*. Routledge.

Jenkins, J. (2000). *The phonology of English as an international language*. Oxford University press.

Jenkins, J. (2006). Current perspectives on teaching World Englishes and English as a lingua franca. *TESOL Quarterly*, *40* (1), 157–181.

Jenkins, J. (2007). *English as a lingua franca: attitude and identity*, Oxford University Press.

Jenkins, J. (2015). Repositioning English and multilingualism in English as a lingua franca. *Englishes in Practice*, *2* (3), 49–85.

Jenkins, J., & Leung, C. (2019). From mythical 'standard' to standard reality: The need for alternatives to standardized English language tests. *Language Teaching*, *52*, 1, 86–110.

Kachru, B. B. (1976). Models of English for the third world: White man's linguistic burden or language pragmatics. *TESOL Quarterly*, *10* (2), 221–239.

Kachru, B. B. (1985). Standards, codification and sociolinguistic realism: the English language in the outer circle. In R. Quirk and H.G. Widdowson (Eds.), *English in the world: Teaching and learning the language and literatures* (pp. 11-30). Cambridge University Press.

Kachru, B. B. (1986). *The alchemy of English: The spread, functions and models of non-native Englishes*. Pergamon Press.

加島祥造（1981）.『ジャパングリッシュ―外来語から英語へ』三天書房.

糟谷啓介（1999）「『国語』はいかにして発生するか」日本記号学会（編）『ナショナリズム／グローバリゼーション』(pp. 85-98). 東海大学出版会.

勝又美智雄（2019）「「グローバル人材」の条件 第1回「グローバル人材」と英語」『英語教育』*68*（1）, 40.

Kawashima, T. (2009). Current English speaker models in senior high school classroom. *Asian English Studies*, *11*, 25-48.

Kawashima, T. (2018). A longitudinal study of speakers on CDs for senior high school English textbooks in Japan. *Asian English Studies*, *20*, 26-46.

Kern, R. (2000). *Literacy and language teaching*. Oxford University Press.

木村護郎クリストフ（2005）『言語にとって「人為性」とはなにか―言語構築と言語イデオロギー：ケルノウ語・ソルブ語を事例として』三元社.

Kirkpatrick, A. (2007). *World Englishes: Implications for international communication and English language teaching*. Cambridge University Press.

Kirkpatrick, A. (2010). Researching English as a lingua franca in Asia: the Asian Corpus of English (ACE) project. *Asian Englishes*, *13*（1）, 4-19.

Kirkpatrick, A. (2016). The Asian Corpus of English: Introduction to the special issue. *Journal of English as a Lingua Franca*, *5*, 225-228.

Knapp, K., & Meierkord, C. (2002). *Lingua franca communication*. Peter Lang.

近藤敏夫（2005）「日系ブラジル人の就労と生活」『佛教大学社会学部 社会学部論集』*40*, 1-18.

Kouvdou, A., & Tsagari, D. (2018). Towards an ELF-aware alternative assessment paradigm in EFL contexts. In C. N. Sifakis & N. Tsantila (Eds.), *English as a Lingua Franca for EFL contexts* (pp. 227-246).

Multilingual Matters.

Kramsch, C. (1999). The privilege of the intercultural speaker. In M. Byram & M. Fleming (Eds.), *Language Learning in Intercultural Perspective: Approaches through Drama and Ethnography* (pp. 16–31). Cambridge University Press.

Kraus, M. E. (2000). Mass language extinction and documentation: The race against time. *Conference Handbook on Endangered Languages*, 1–15.

Kroeber, A. L., & Kluckhohn, C. (1952). Culture: A critical review of concepts and definitions. *Papers. Peabody Museum of Archaeology & Ethnology, Harvard University, 47* (1), viii, 223.

貴戸理恵 (2011)『「コミュニケーション能力がない」と悩むまえに―生きづらさを考える』岩波ブックレット.

熊谷由理・佐藤慎司 (2014)「言語教育における「能力」―「学校」,「知識」との関係において」佐藤慎司・熊谷由理 (編)『異文化コミュニケーション能力を問う―超文化コミュニケーション力をめざして』(pp. 71–85). ココ出版.

久保田竜子 (2008)「日本文化を批判的に教える」佐藤慎司, ドーア根理子 (編)『文化、ことば、教育―日本語／日本の教育の「標準」を越えて』(pp. 151–173). 明石書店.

久保田竜子 (2014)「オリンピックと英語教育―反グローバル的改革」『週刊 金曜日』975 号：63.

久保田竜子 (2015)『グローバル化社会と言語教育―クリティカルな視点から』くろしお出版.

久保田竜子 (2018)『英語教育幻想』ちくま新書.

Kubota, R., & McKay, S. (2009). Globalization and language learning in rural Japan: The role of English in the local linguistic ecology. *TESOL Quarterly, 43* (4), 593–619.

郡司隆男・西垣内泰介 (編) (2004)『ことばの科学ハンドブック』研究社.

国立教育政策研究所 (2011)『小学校外国語活動における評価方法等の工夫改善のための参考資料』教育出版.

国立教育政策研究所教育課程研究センター (2019)「平成 31 年度全国学力・学習状況調査 解説資料 中学校英語」国立教育政策研究所.

小坂井敏晶 (2002)『民族という虚構』東京大学出版会.

Lantolf, J. P. (2009). Dynamic assessment: The dialectic integration of instruction and assessment. *Language Teaching, 42* (3), 355–

368.

Larsen-Freeman, D. (1997). Chaos/complexity science and second language acquisition. *Applied Linguistics, 19* (2), 141–165.

レイヴ, ジーン・ウェンガー, エティエンヌ (1993)『状況に埋め込まれた学習―正統的周辺参加』(佐伯胖 訳) 産業図書.

Legenhausen, L. (1999). Autonomous and traditional learners compared – The impact of classroom culture on attitudes and communicative behavior. In C. Edelhoff & R. Weskamp (Eds.), *Autonomoes Fremdsprachenlernen* (pp. 166–182). Max Heuber Verlag.

Liu, J. (1999). Nonnative-English-speaking professionals in TESOL. *TESOL Quarterly, 33*, 85–102.

Loureiro-Porto, L. (2017). ICE vs GloWbE: Big data and corpus compilation. *World Englishes, 36* (3), 448–470.

Luhman, R. (1990). Appalachian English stereotypes: Language attitudes in Kentucky. *Language in Society, 19*, 331–348.

Matsuda, A. (2003). The ownership of English in Japanese secondary schools. *World Englishes, 22* (4), 483–496.

Matsuda, A. (2009). Desirable but not necessary? The place of World Englishes and English as an International Language in English teacher preparation programs in Japan. In F. Sharifian (Ed.), *English as an international language: Perspectives and pedagogical issues* (pp. 169–189). Multilingual Matters.

Matsuda, A. (2011). 'Not everyone can be a star': Students' and teachers' beliefs about English teaching in Japan. In P. Seargeant (Ed.), *English in Japan in the era of globalization* (pp. 38–59). Palgrave Macmillan.

Matsuda, A. (2012). *Principles and practices of teaching English as an international language*. Multilingual Matters.

Matsuda, A. (2019). World Engilshes in English language teaching: Kachiru's six fallacies and the TFII paradigm. *World Englishes, 38* (1–2), 144–154.

Matsuda, A., & Friedrich, P. (2011). English as an international language: A curriculum blueprint. *World Englishes, 30* (3), 332–344.

Matsuda, A., & Friedrich, P. (2012). Selecting an instructional variety for an EIL curriculum. In A. Matsuda (Ed.), *Principles and practices of teaching English as an international language* (pp. 17–43). Multilingual Matters.

松村昌紀（編）（2017）『タスク・ベースの英語指導―TBLT の理解と実践』
大修館書店.

Mauranen, A. (2003). The corpus of English as lingua franca in aca-
demic settings. *TESOL Quarterly*, *37*, 513-527.

Mauranen, A. (2006). A rich domain of ELF: the ELFA corpus of aca-
demic discourse. *Nordic Journal of English Studies*, *5* (2), 145-
159.

Mauranen, A. (2012). *Exploring ELF: Academic English shaped by
non-native speakers*. Cambridge University Press.

McKenzie, R. (2008a). The role of variety recognition in Japanese
university students' attitudes towards English speech varieties.
Journal of Multilingual and Multicultural Development, *29* (2),
139-153.

McKenzie, R. (2008b). Social factors and non-native attitudes to-
wards varieties of spoken English: A Japanese case study. *Interna-
tional Journal of Applied Linguistics*, *18* (1), 63-88.

McNamara, T. (2018). A challenge for language testing: The assess-
ment of English as a lingua franca. *Waseda Working Papers in ELF*,
7, 13-29.

Mimatsu, T. (2011). ELF versus EFL: Teaching English for "interna-
tional understanding" in Japan. In A. Archibald, A. Cogo, and J. Jen-
kins, (Eds.), *Latest trends in ELF research* (pp. 251-268). Cam-
bridge Scholars Publishing.

村野井仁（2006）『第二言語習得研究から見た効果的な英語学習法・指導
法』大修館書店.

森住衛（1992）「英語教育題材論 第 7 回 ことばに係わる題材」『現代英語
教育』*29* (7), 30-31.

文部科学省（2017）『中学校学習指導要領（平成 29 年告示）解説 外国語
編』文部科学省.

内閣府国家戦略室（2012）「グローバル人材育成戦略（グローバル人材育成
推進会議 審議まとめ）」http://www.kantei.go.jp/jp/singi/global/
suisin/dai2/siryou01_1.pdf

仲潔（2002）「英語教育は英語帝国主義にどう対処するか」森住衛（監）・
言語文化教育研究論集編集委員会（編）『言語文化教育学の可能性を求め
て』(pp. 246-263). 三省堂.

仲潔（2005）『英語教育における言語観—期待される「英語学習者像」』大阪大学大学院博士学位論文.

仲潔（2006）「英語論の構図—英語帝国主義と国際英語論の包括的理解のために」『言語政策』*2*, 1–20.

仲潔（2008）「言語観教育序論—ことばのユニバーサルデザインへの架け橋」『社会言語学』*8*, 1–21.

仲潔（2009）「『ことば』について考えるための『外国語コミュニケーション（英語）Ⅰ』授業」『岐阜大学教育学部研究報告　教育実践研究』*11*, 201–216.

仲潔（2012a）「言語文化観を育成する『英語科教育法』の実践—言語文化観のゆさぶり」森住衛（監）・関西言語文化教育研究会研究論集編集委員会（編）『言語文化教育学の実践』(pp. 47–67). 金星堂.

仲潔（2012b）「〈コミュニケーション能力の育成〉の前提を問う—強いられる〈積極性／自発性〉」『社会言語学』*12*, 1–19.

仲潔（2013）「日本の英語教師」樋口謙一郎（編）『北東アジアのことばと人々』(pp. 127–150). 大学教育出版.

仲潔（2017a）「英語科教育における評価活動の再考」『岐阜大学　教育学部研究報告　人文科学』*66* (1), 135–144.

仲潔（2017b）「期待はずれの学習指導要領」藤原康弘・仲潔・寺沢拓敬（編著）『これからの英語教育の話をしよう』(pp. 101–136). ひつじ書房.

仲潔（2018a）「「国際共通語としての英語」教育の諸課題についての覚書」『アジア英語研究』*20*, 80–98.

仲潔（2018b）「中学校英語教科書における「社会的な話題」—視点の画一化を覆い隠す題材の多様化」『社会言語学』*18*, 65–84.

仲潔・岩男考哲（2017）「中学校「国語」・「英語」教科書における「異文化間交流」像—「コミュニケーション能力の育成」の前提を問う（その3）」『社会言語学』*17*, 75–87.

仲潔・大谷晋也（2007）「中学校英語教科書に見られる価値観—「夢の実現」を迫られる学習者たち」「言語文化の展望」刊行会（編）『言語と文化の展望』(pp. 129–143). 英宝社.

中村高康（2018）『暴走する能力主義—教育と現代社会の病理』ちくま新書.

Nakamura, Y., Lee, JS., & Lee, K. (2018). English as an international language perception scale: Development, validation, and application. *Language, Culture, and Communication*, *50*, 189–208.

根岸雅史（2017）『テストが導く英語教育改革—「無責任なテスト」への処方箋』三省堂.

Nelson, C. (2017). The ICE project and world Englishes. *World Englishes*, *36* (3), 367–370.

New London Group. (2000). A Pedagogy of multiliteracies: Designing social futures. In B. Cope and Kalantzis, M (Eds.), *Multiliteracies: literacy learning and design of social futures* (pp. 9–37). Routledge.

小川仁志 (2013)『「道徳」を疑え！一自分の頭で考えるための哲学講義』NHK 出版.

Otheguy, R., Garcia, O., & Reid, W. (2015). Clarifying translanguaging and deconstructing named languages: A perspective from linguistics. *Applied Linguistics Review*, *6*, 281–307.

Pennycook, A. (1994). *The cultural politics of English as an international language*. Longman.

Phillipson, R. (1992). *Linguistic imperialism*. Oxford University Press.

Phillipson, R. & Skutnab-Kangas, T. (1996). English only worldwide or language ecology? *TESOL Quarterly*, *30* (3), 429–452.

ピーターセン，マーク (1988)『日本人の英語』岩波新書.

ピーターセン，マーク (1990)『続・日本人の英語』岩波新書.

ピーターセン，マーク (2014)『日本人の英語はなぜ間違うのか？』集英社インターナショナル.

Preston, D. R. (2013). The influence of regard on language variation and change. *Journal of Pragmatics*, *52*, 93–104.

Prodromou, L. (2008). *English as a lingua franca: A corpus-based analysis*. Continuum.

Sadeghpour, M., & Sharifian, F. (2019). World Englishes in English language teaching. *World Englishes*, *38* (1-2), 245–258.

酒井直樹 (1996)『死産される日本語・日本人―「日本」の歴史 – 地政的配置』新曜社.

酒井直樹 (1997)「多言語主義と多数性―同時的な共同性をめざして」三浦信孝 (編)『多言語主義とは何か』(pp. 228–245). 藤原書店.

Samy, A. H. & Smitherman, G. (2012). *Articulate while black: Barack Obama, language, and race in the U.S.*. Oxford University Press.

里井久輝 (2019)『「世界の英語」リスニング』アルク.

里見実 (2005)『学校でこそできることとは、なんだろうか』太郎次郎社エディタス.

佐藤慎司・奥泉香・仲 潔・熊谷由理 (2014)「文化―文化人類学とことば

の教育における文化概念の変遷と現状」佐藤慎司・熊谷由理（編）『異文化コミュニケーション能力を問う―超文化コミュニケーション力をめざして』（pp. 3-31）．ココ出版.

佐藤慎司・熊谷由理（編）(2010)『アセスメントと日本語教育―新しい評価の理論と実践』くろしお出版.

佐藤慎司・熊谷由理（2014）「超文化コミュニケーション力とそれをめざす教育アプローチ―デザインと 3R（応答（Responding），書き直し（Revising），振り返り（Reflecting））」佐藤慎司・熊谷由理（編）『異文化コミュニケーション能力を問う―超文化コミュニケーション力をめざして』（pp. 87-96）．ココ出版.

Sato, T., & McNamara, T. (2018). What counts in second language oral communication ability? The perspective of linguistic laypersons. *Applied Linguistics*, 1–24. doi: 10.1093/applin/amy032

Sato, T., Yujobo, J. Y., Okada, T. & Ogane, E. (2019). Communication strategies employed by low-proficiency users: Possibilities for ELF-informed pedagogy. *Journal of English as a Lingua Franca*, *8* (1), 9–35.

Schneider, E. W. (2003). The dynamics of new Englishes: From identity construction to dialect birth. *Language*, *79*, 233–281.

Seidlhofer, B. (2001). Closing a conceptual gap: The case for a description of English as a lingua franca. *International Journal of Applied Linguistics*, *11*, 135–158.

Seidlhofer, B. (2004). Research perspectives on teaching English as a lingua franca. *Annual Review of Applied Linguistics*, *24*, 209–239.

Seidlhofer, B. (2009). Common ground and different realities: World Englishes and English as a lingua franca. *World Englishes*, *28* (2), 236–245.

Seidlhofer, B. (2011). *Understanding English as a lingua franca*. Oxford University Press.

Seidlhofer, B. (2017). English as a lingua franca: Why is it so controversial? *JACET Selected Papers*, *5*, 2–24.

Shibata, M. (2006). Topic marking in English composition by Japanese EFL learners. *SCRIPSIMUS*, *15*, 1–26.

Shibata, M. (2018). ELF communicative competence: Transforming from L2 English learners into ELF users. 広島大学総合科学研究科紀要『人間科学研究』*13*, 33–45.

Shibata, M. (2019, December). Japanese college students' socio-pragmatic and pragmalinguistic knowledge of writing e-mail requests in English. Paper presented at 45th National Conference of the Japanese Association for Asian Englishes, Kyoto.

柴田美紀（編）(2020)『ことばの不思議の国―言語学の魅力がわかる本』丸善出版.

渋谷勝己 (2013)「多言語・多変種能力のモデル化試論」片岡邦好・池田佳子（編）『コミュニケーション能力の諸相』(pp. 29-51). ひつじ書房.

重光由加 (2005)「何を心地よいと感じるか―会話のスタイルと異文化間コミュニケーション」井出祥子・平賀正子（編）『異文化とコミュニケーション』ひつじ書房.

重光由加 (2015)「'We had a good conversation'―英語圏の 'Good conversation' とは」津田早苗・村田泰美・大谷麻美・岩田祐子・重光由加・大塚容子『日・英語談話スタイルの対照研究―英語コミュニケーション教育への応用』(pp. 27-36). ひつじ書房.

Shintani, N., Saito, K., & Koizumi, R. (2017). The relationship between multilingual raters' language background and their perceptions of accentedness and comprehensibility of second language speech. *International Journal of Bilingual Education and Bilingualism*, doi: https://doi.org/10.1080/13670050.2017.1320967

塩澤正 (1997)「"Affective Competence" ―その理論と実践」『中部大学人文学部研究論集』*2*, 1-33.

塩澤正 (2016)「今，なぜ国際英語論の視点が必要か」塩澤正・吉川寛・倉橋洋子・小宮富子・下内充『「国際英語論」で変わる日本の英語教育』(pp. 27-51). くろしお出版.

白井恭弘 (2012)『英語教師のための第二言語習得論入門』大修館書店.

城座沙蘭 (2014) WE and Us: The Transplantation and transformation of the world englishes paradigm in the Japanese context. 東京大学大学院総合文化研究科博士論文.

Shohamy, E. (2018). Critical language testing and English lingua franca: How can one help the other? In K. Murata, (Ed.), *English-medium instruction from an English as a lingua franca perspective* (pp. 271-285). Routledge.

Smith, L. (1982). Spread of English and issues of intelligibility. In B. B. Kachru (Ed.), *The other tongue: English across cultures* (pp. 75-90). University of Illinois Press.

Stanlaw, J. (2005). *Japanese English: Language and culture contact.* Hong Kong University Press.

末延岑生（2010）『ニホン英語は世界で通じる』平凡社.

杉本均・山本陽葉（2019）「日本におけるフィリピン人外国語指導助手（ALT）の雇用問題―外国青年招致事業（JET）などを中心に」『京都大学大学院教育学研究科紀要』*65*, 179-200.

砂野幸稔（2006）「訳者あとがき」ルイ・ジャン・カルヴェ『言語学と植民地主義―ことば喰い小論』（pp. 273-280）．三元社.

鈴木孝夫 (1999)『日本人はなぜ英語ができないか』岩波書店.

鈴木義里（2003）『つくられた日本語、言語という虚構―「国語」教育のしてきたこと』右文書院.

関 正生 (2008)『世界一わかりやすい英文法の授業』中経出版.

高田明典（2011）『現代思想のコミュニケーション的転回』筑摩書房.

Takatsuka, S. (1996). Teaching communication strategies: A lesson aimed at teaching post-modifying structures of paraphrase. *The Bulletin of Faculty of Education Okayama University*, *102*, 165-184.

田中克彦（1981）『ことばと国家』岩波書店.

田中克彦（1989）『国家語をこえて―国際化のなかの日本語』筑摩書房.

田中善英（2017）「言語による絶滅危機度の差とその人口統計的要因」『フランス文化研究』（pp. 61-70）．獨協大学外国語学部.

津田幸男（1990）『英語支配の構造―日本人と異文化コミュニケーション』第三書館.

寺沢拓敬（2015）『「日本人と英語」の社会学―なぜ英語教育論は誤解だらけなのか』研究社.

寺沢拓敬（2019）「データで考える英語学習の「本当のところ」」『母の友』6月号.

東京学芸大学（2017）『文部科学省委託事業「英語教員の英語力・指導力強化のための調査研究事業」平成 28 年度報告書』東京学芸大学.

Tokumoto, M. & Shibata, M. (2011). Asian varieties of English: Attitudes towards pronunciation. *World Englishes*, *30*, 392-408.

Tokumoto, M. & Shibata, M. (2012). English speakers' attitudes towards Japanese-accented English. *Southern Review*, *27*, 53-68.

鳥飼玖美子（2004）『歴史をかえた誤訳』新潮文庫.

鳥飼玖美子（2011）『国際共通語としての英語』講談社現代新書.

鳥飼玖美子（2016）『本物の英語力』講談社現代新書.

鳥飼玖美子（2017）「『英語の授業は基本的に英語で行う』方針について」『学術の動向』*22*（11），78-82.

鳥飼玖美子・大津由紀雄・江利川春雄・斎藤兆史（2017）『英語だけの外国語教育は失敗する―複言語主義のすすめ』ひつじ書房.

臼井裕之・木村護郎（1999）「はじめに」言語権研究会（編）『ことばへの権利』（pp. 7-20）．三元社.

柳瀬陽介（2008）「言語コミュニケーション力の三次元的理解」*JLTA Journal, 11*, 77-95.

山田泉（2010）「日本語学習権保障と法制化」田尻英三・大津由紀雄（編）『言語政策を問う！』（pp. 149-163）．ひつじ書房.

山下仁（2013）「言語差別とは何か」多言語化現象研究会（編）『多言語社会日本―その現状と課題』（pp. 186-200）．三元社.

山本真弓・木村護郎クリストフ・臼井裕之（2004）『言語的近代を超えて―〈多言語状況〉を生きるために』明石書店.

山本忠行・江田優子ペギー（編）（2016）『英語デトックス―世界は英語だけじゃない』くろしお出版.

吉岡乾・西淑（2017）『なくなりそうな世界のことば』創元社.

吉川寛（2016）「国際英語論とは」塩澤正・吉川寛・倉橋洋子・小宮富子・下内充『「国際英語論」で変わる日本の英語教育』（pp. 1-25）．くろしお出版.

吉野耕作（2014）『英語化するアジア―トランスナショナルな高等教育モデルとその波及』名古屋大学出版会.

米勢治子（2006）外国人住民の受け入れと言語保障―地域日本語教育の課題『人間文化研究』*4*，93-106.

Young, R. (2011). Interactional competence in language learning, teaching, and testing. In H. Hinkel (Ed.), *Handbook of research in second language teaching and learning* (pp. 426-443). Routledge.

Wiltshire, C., & Harnsberger, J.D. (2006). The influence of Gujarati and Tamil L1s on Indian English: a preliminary study. *World Englishes, 25*, 91-104.

Widdowson, H. (2019, January). The relevance of ELF study to real world issues. Presentation at the 8th Waseda ELF international workshop and symposium at Waseda University, Tokyo.

索引

執筆者一覧

柴田美紀（しばた　みき）　　　　　[第 3・4・6・9 (2)・10 (3) 章担当]
広島大学人間社会科学研究科教授。
アリゾナ大学博士（第二言語習得と語学教育）。専門は第二言語習得（特に社会・文化的観点からの外国語学習と学習者のアイデンティティに関わる研究）。
主な著書　『沖縄の英語教育と米軍基地―フェンスのうちと外での外国語学習』（丸善出版，2013 年）
主な論文　Tokumoto, M,, & Shibata, M. (2011). Asian students' attitudes to their accented English, *World Englishes, 30* (3), 392–408.

仲　潔（なか　きよし）　　　　　　[第 1・2・7・9 (1)・10 (1) 章担当]
岐阜大学教育学部准教授。
大阪大学博士（言語文化学）。専門は社会言語学，言語文化教育学。
主な著書　『対抗する言語』（編共著，三元社，近刊）
主な論文　"Professional Development for Pre-service English Language Teachers in the Age of Globalisation." In Hashimoto, Kayoko and Van-Trao Nguyen (Eds.) *Professional Development of English Language Teachers in Asia: Lessons from Japan and Vietnam*. Routledge. pp. 76–91.

藤原康弘（ふじわら　やすひろ）　　　[第 5・8・9 (3)・10 (2) 章担当]
名城大学外国語学部国際英語学科准教授。
大阪大学博士（言語文化学）。専門は第二言語習得，応用言語学。
主な著書　『国際英語としての「日本英語」のコーパス研究―日本の英語教育の目標』（ひつじ書房，2014 年）
主な論文　Fujiwara, Y. (2007). Critical Language Testing on Pragmatic Tests: Are pragmatic tests really appropriate in Japan?, *Asian Englishes, 10* (1), 24–43.

英語 教 育のための国際英語論——英語の多様性と国際 共 通語の視点から
© Shibata Miki, Naka Kiyoshi & Fujiwara Yasuhiro, 2020　　NDC375／x, 197p／21 cm

初版第 1 刷——2020 年 9 月 1 日

著　者———柴田美紀・仲　潔・藤原康弘
発行者———鈴木一行
発行所———株式会社 大修館書店
　　　　　〒113-8541 東京都文京区湯島 2-1-1
　　　　　電話 03-3868-2651（販売部）　03-3868-2294（編集部）
　　　　　振替 00190-7-40504
　　　　　［出版情報］https://www.taishukan.co.jp

装丁者———精興社
印刷所———精興社
製本所———ブロケード

ISBN978-4-469-24642-1　Printed in Japan